湖南省地球物理地球化学调查所组织编写

管网探测与健康检测技术

黄利权　主编

胡小林 高佩玺　副主编

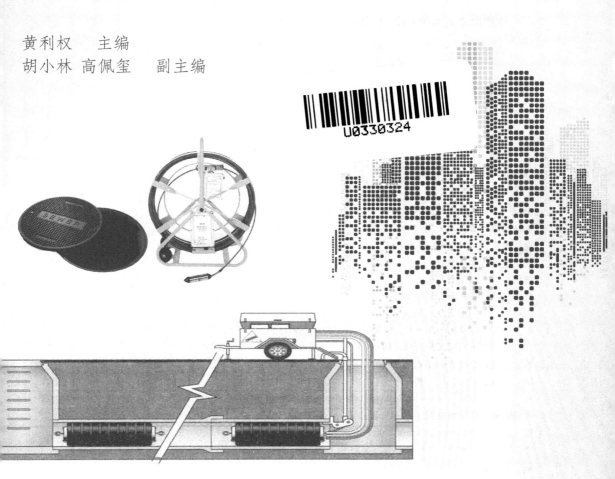

中山大学出版社

SUN YAT-SEN UNIVERSITY PRESS

·广州·

图书在版编目(CIP)数据

管网探测与健康检测技术/黄利权主编；胡小林，高佩玺副主编.—广州：中山大学出版社，2023.12

ISBN 978 - 7 - 306 - 07958 - 9

Ⅰ.①管… Ⅱ.①黄… ②胡… ③高… Ⅲ.①地下管道—管网—探测 ②地下管道—管网—检测 Ⅳ.①U173.9

中国国家版本馆 CIP 数据核字(2023)第 247415 号

出 版 人：王天琪
策划编辑：管陈欣 谢贞静
责任编辑：谢贞静
封面设计：周美玲
责任校对：廖翠舒
责任技编：靳晓虹
出版发行：中山大学出版社
电 话：编辑部 020－84110283，84113349，84111997，84110779，84110776
　　　　 发行部 020－84111998，84111981，84111160
地 址：广州市新港西路 135 号
邮 编：510275 传 真：020－84036565
网 址：http://www.zsup.com.cn E-mail：zdcbs@mail.sysu.edu.cn
印 刷 者：广州方迪数字印刷有限公司
规 格：787mm×1092mm 1/16 12.75 印张 320 千字
版次印次：2023 年 12 月第 1 版 2023 年 12 月第 1 次印刷
定 价：68.00 元

本书编委会

主　　编：黄利权

副 主 编：胡小林　高佩玺

编　　委：廖凤初　骆检兰　刘桂元

　　　　　唐志高　黄冠中　林雄波

　　　　　刘　艺　周　杰　李明陆

　　　　　黄建权　李爱丽　杨　浩

目　录

第1章 绪 论

1.1 管网探测技术的现状与发展

1.1.1 管网探测技术的现状

改革开放以来，中国经济快速发展，随着社会经济的快速发展，城市规划区的范围逐步增加，新建市政道路逐步延伸，各项工程项目大规模建设，作为城市生命线的地下管线也日渐增加，管线纵横交错、日渐繁杂。但是，城市地下管线自动更新管理机制不完善，各专业管线相关部门各为其政，造成管线资料信息不完善、现势性差。因此，查清地下管线空间位置也伴随着城市的建设和发展日渐引起城建相关部门的重视。

地下管线探测是以地下管线与周围介质的密度、磁性、电阻率、介电常数等物性参数差异为前提，采用地球物理方法对地下管线进行定位的技术。按照权属单位不同，城市地下管线主要包括给水、排水、燃气、电力、通信、热力等市政和公用管线，以及铁路、民航等专用管线。

（1）地下管线按照其物理性质可大致分为以下3类：

A. 由铸铁、钢等材料构成的金属管道。

B. 由铜、铝、光纤材料构成的电缆管道。

C. 由水泥、陶瓷和塑料材料构成的非金属管道。

管网探测探查现场如图1-1所示。

图 1-1 管网探测探查现场

（2）地下管线探测方法一般分为以下 2 种：

A．采用井中调查与开挖样洞或简易触探相结合的方法。

B．仪器探测与井中调查相结合的方法。针对不同管线，仪器探测又分为直接法、夹钳法、感应法、电磁波法、埋深测定法、惯性导航三维定位法等。

a．直接法。直接法适用于有露出点的金属管线探测，即将发射机专用输出电缆的一端与被测的金属管线相连接，另一端接地或者接到金属管线的另一端，利用接收机搜索被探测金属管线产生的电磁信号，对管线进行追踪定位。直接法有 3 种连接方式，分别为双端连接、单端连接及远接地单端连接。

b．夹钳法。夹钳法利用管线探测仪配备的夹钳（也称为耦合环）夹住被测管线，通过夹钳把电磁信号加载到被探测的管线上，以达到对管线的追踪定位目的。

c．感应法。感应法利用发射机发射谐变电磁场，使被探测的地下管线产生感应电流而形成电磁场，达到搜索、追踪、定位被探测管线的目的。

d．电磁波法。电磁波法利用脉冲雷达系统连续向下发射高频电磁波，并由接收天线连续接收地下介质反射回来的电磁波，再经过专门软件处理，获取地下不同目标雷达波的反射图像，通过对图像进行解析，确定管线位置和埋设深度。

e．埋深测定法。对金属管线而言，管线探测仪测定的管线埋深是管线中心至地面的垂直距离。在实际工作中，无论测定采用直接法还是感应法，大部分以 70% 测深法为主，以直读法为辅助。70% 测深是与接收机天线高度相关的一个拟合值，即接收机在管线正上方时能接收到电磁信号的最大值，该值的 70% 在管线两侧分别有一个等值点，这两个等值点间的距离即为目标管线在测定位置处的中心埋深。

f．惯性导航三维定位法。惯性导航三维定位法采用航天器的自主导航技术——惯性导航技术，利用组合导航及基于惯性测量单元（inertial measurement unit，IMU）/里程/运动特征/环境特征的多传感器信息融合和误差在线补偿技术，能够精准可靠地获取城市复杂环境下的地下管线三维信息，是目前精度最高的管线探测方法。

（3）根据管线用途的不同，采用适合的探测方法，具体如下：

A．采用电磁场感应法探测金属管线。电磁场感应法通常利用发射机发射电磁场，地下管线因电磁感应产生感应电流形成电磁场，然后接收机接收由地下管线形成的电磁场，达到追踪、定位地下管线的目的。

B．采用感应法和夹钳法处理电力电信管线。由于电力、电信管线自身常带有电磁信号，因此，感应法适用的效果比较好。夹钳法中的耦合环可以把电磁信号加载到被测管线上，对管线进行追踪和定位，在电力、电信管线的探测上取得了比较好的效果。

C．采用直接法处理燃气管线。燃气管线对于安全性能要求比较高，一般情况下可以用磁感应法探测，但是，对于有防爆装置的探测仪器，采用直接法的效果更好。

D．采用惯性导航三维定位法。惯性导航三维定位法采用地下管道定位设备——地下管线惯性定位仪，依靠航天器的自主导航技术——惯性导航技术，可以精准可靠地获取城市复杂环境下的地下管线三维信息。这种仪器一般具有毫米级测量精度，全口径测量范围为 40～1500 mm，其测试方便、快捷的优势，解决了传统技术存在的受埋深、地质条件、电磁干扰等因素影响而使测试结果不可靠的问题。该法可为城市地下空间的规划、设计和施工提供安全可靠的数据，同时可有效防止国家管道信息的泄漏。

由于城市底下管线异常复杂，种类繁多，分布密集，材质各不一致，且针对同一管线有多种探测方法可供选择，同一种方法也涉及不同的工作方式和工作参数的选取，因此在实际工作中，应以充分分析目标管线的物性为前提，结合现场环境和不同方法的应用条件，进行必要的方法试验，优先选择效果好、简单、快捷的探测方法。

1.1.2 地下管线探测技术的发展

随着城市管理不断发展，地下管线的探测技术也不断发展。20 世纪 90 年代以前，为了获取地下管线的信息，掌握地下管线分布情况，一般采用对已有管线进行测算和对新建管线进行竣工测量等手段。

随后，物探技术逐渐引入地下管线探测中，成为城市地下管线数据信息采集的核心技术。伴随着人们的大量研究及探测仪器的不断改进，直接法、夹钳法、感应法等各种技术得到广泛运用，并在各自的领域发挥着重要作用。

20 世纪 90 年代后，内外业一体化探测技术成为地下管线数据动态更新的主要技术手段。原始记录、属性录入等工作都需要人工来操作，不仅工作强度大、效率低，还有较高的数据出错概率。因此，基于个人数据助理（personal digital assistant，PDA）的地下管线采集处理与更新系统被研发出来并投入使用，减少了人工干预，大大提高了地下管线普查探测作业效率，并降低了劳动强度，对保证探测质量具有重要现实意义（图 1-2）。

图 1-2 使用雷迪 7000 管线探测仪探测管线现场

1.1.3 城市地下管线探测行业的发展趋势

（1）对地下管线探测的重视程度将会提高。

城市地下管线是城市的重要基础设施，在城市生活与建设中起着至关重要的作用。随着城市化进程的脚步越来越快，城市地下管线探测与管理技术的发展及应用也越来越多地得到人们的重视。

（2）探测技术继续完善和成熟。

例如，在传统的频率域电磁法探测仪方面，需要进一步地提高管线定位和测深的精度。不仅如此，在一些干扰比较严重的地区，还要大力提高管线探测的信噪比和分辨率。这就使发展地下非金属管道探测技术，使探测仪器灵敏精确、轻便高效和价格合理化，成为现在急需解决的问题及之后地下管线发展的主要方向。此外，在成图及相关数据的管理方面，要结合地理信息系统（geographic information system，GIS）技术建立平台，基于"BIM＋"技术的平台阶段的使用也会成为管线数据管理发展的趋势。

（3）三维系统将得到普及和应用。

由于在发展的过程中受到信息技术的限制，地下管线探测技术的系统都是以二维为主的，这就给地下管线探测技术的应用带来较大的困难。在未来的发展中，我国地下管线探测将逐渐利用三维可视化地理信息系统，也就是在地下管线探测中逐渐使用真三维系统。具有强烈的视觉效果且能给予真实的直观感受的三维系统，将逐步成为我国城市地下管线管理的新技术手段。

（4）综合管廊的建设和管理将得到加强。

随着我国改革开放的不断推进，我国综合管廊获得了进步和发展，现在管廊的建设也是比较多的。虽然管廊的发展比较晚，还处于初级阶段，但是在政府的支持和企业的努力下会越来越好。

1.2 管道检测技术的现状与发展

管道检测主要有排水管道检测、供水管道检测、燃气管道检测、电力管道检测及通信管道检测。而本书所述的是排水管道健康检测技术相关内容。

传统的排水管道结构状况和功能状况的检查方法受多因素制约，检查效果差，成本高，资料存储困难。目前主流的检测技术（管道内窥检测技术）如下：

（1）管道潜望镜检测。

管道潜望镜检测（pipe quick view inspection），简称 QV 检测，又叫作视频检测仪检测或管道内窥镜检测。QV 检测系统是一款新型的影像快速检测系统，包括工业级高分辨率彩色摄像系统和便携式智能控制影像录制处理终端，并配备强力照明光源和高强度伸缩杆，可实现对各种隐蔽空间、水下及易燃、易爆、辐射等高危场所进行实时影像检测及记录。

　　QV 检测目前已广泛应用于国内外市政管道、燃气石油管道、电力、电信及野外侦查、灾难搜救等检测领域(图 1-3)。

图 1-3　管道潜望镜检测和视频截图

　　(2)管道闭路电视检测。

　　闭路电视检测(closed circuit television inspection),简称 CCTV 检测。CCTV 检测系统基于工控机系统设计,以笔记本电脑代替传统主控,可在检测过程中抓取缺陷图片,检测完成后可立即得到检测报告(图 1-4)。此外,该系统可以在检测的过程中实时获取管道的坡度曲线,以此判断管道内部沉积情况。该系统使用鱼眼镜头,并结合管道全景检测视频分析软件,可生成管道内壁的全景图像,便于进行更加精细、可量化(测量管径、裂缝宽度等)的分析和判读。

图 1-4　雨污分流改造项目 CCTV 检测

　　管道 CCTV 检测系统由爬行器、镜头、电缆盘和控制系统组成。其中,爬行器可搭载不同规格型号的镜头(如旋转镜头、直视镜头、鱼眼镜头),通过电缆盘与控制系统连接后，响应控制系统的操作命令，包括：爬行器的前进、后退、转向、停止、速度调节；镜头座的抬升、下降，灯光调节；镜头的水平或垂直旋转、调焦、变倍，前后视切换；等等。

（3）声呐检测。

声呐检测（sonar inspection）又叫作管道声呐检测仪检测。当管道处于满水状态，且不具备降低水位条件时，采用视频检测手段已无法取得较好的检测效果，而管道声呐检测仪正适用于这类管道。

管道声呐检测仪能够对管道的多种结构缺陷（如变形、塌陷、破裂、结垢、支管暗接等）和管道功能缺陷（如沉积、漂浮物）起到准确的检测效果，并可采用软件工具进行测量分析。

管道声呐检测仪由声呐头、电缆盘、主机、管道声呐检测成像分析软件构成。它采用声呐成像技术，将水下扫描单元（声呐头）置于管道内部的水下（满管、半管均可），采用爬行器或人工拖拽的方式驱动（可滑行、漂浮）其在管道内移动。

管道内窥检测技术的出现不但节省大量人力、物力，还大幅度地提高工作效率，使用管道内窥检测技术检测无须人员下井，保证了施工人员安全，同时能够实时提供影像数据，准确地检测出管道结构状况和功能状况，资料也便于保存。

目前，以 CCTV 检测为主的内窥检测技术不仅在旧管道状况普查中广泛使用，也在新建排水管道移交验收检查中发挥了重要作用（图 1-5）；QV 检测可以定位为 CCTV 检测的辅助检测，虽然其不受管道内恶劣环境的影响，但检测的局限性，如检测距离短、管道必须为标准直线及缺陷位置定位精度差等，限制了其成为管道检测主要技术；声呐检测可在管道内水位偏高时代替 CCTV 检测。

图 1-5　全地形排水管道 CCTV 检测

1.3　管网探测的必要性

现代化城市都拥有一个结构复杂、规模庞大的地下管线系统，地下管线担负着物质、能量的传输功能，世界各国将城市地下管线称为地下"生命线"。地下管线是城市的重要基础设施，关系到每个居民的生活，关系到城市经济发展，关系到城市的整体运行。充分利用地下空间，掌握城市地下管线的现状和各种信息资料，是城市社会经济发展及规划建设和可持续发展的需要，是有效应对与地下管线有关的突发灾害的保证。

1.4　管道检测的必要性

管道的良好运行与人们生活息息相关。在施工和运营过程中，管道破裂、变形甚至塌方的情况时有发生；不均匀沉降及环境因素引起的管道错口、脱节使排水管道不能发挥应有的作用。排水管道内渗漏导致的管道脱空，严重时会引起道路塌陷，阻断交通，给城市建设和人民生活带来不便，造成经济损失和不良的社会影响，使人民生命财产安全受到严重威胁。近年来气候多变，暴雨侵袭、排水不畅引起城市内涝的事件在多个城市上演，迫切要求我们疏通排水管道，解决排水隐患。为了最大限度地发挥现有管道的排水能力，保证排水管道的良好运维，应对现有的排水管道进行周期性检测。这有助于及时发现排水管道存在的安全隐患，为制订管网养护计划和修复计划提供依据。因此，排水管道检测具有相当的必要性。

1.5　管网探测技术方案的主要内容

在收集资料、现场踏勘、资料分析的基础上拟定技术路线、技术方案。要详细说明特殊的技术要求或新技术、新方法、新工艺的作业方法。技术方案包括下列内容：

（1）工程概述，如任务来源、工作目的与任务、工作量、作业范围、作业内容和完成期限等情况。

（2）测区概况，如工作环境条件、地球物理条件、管线及其埋设状况等情况。

（3）已有资料及其可利用情况。

（4）执行的标准规范或其他技术文件。

（5）探测仪器、设备等。

（6）作业方法与技术措施要求。

（7）施工组织与进度计划。

（8）质量、安全和保密措施。

（9）拟提交的成果资料。

（10）有关的设计图表。

1.6　管网的分类与组成

1.6.1　地下管线的分类

城市地下管网是指建设于地下的给水、中水、排水、热力、电力电缆、燃气、通信和特种（工业）管道等各种设施。从行业和建立专业地理信息系统的角度，可分为电力电缆（380 V 以上供电线路）、通信（电信、有线电视、信息网络、交通信号等市政公用管网）、给水、燃气（煤气、天然气）、排水（雨水、污水、雨污合流）、中水、特种（热力、气体、油料、化工）管线。

（1）给水系统。

其分为两部分，一是原水，就是未经过处理的自然水，可能是地下水、水库水，也可能是河流水；二是自然水，经水厂净化、消毒后由各类供水管道送往机关、工厂、生活区。材料主要为铸铁、球墨铸铁，小管径部分有 PE 和水泥；埋设方式绝大部分为直埋。

（2）中水系统。

生产、生活使用过的污水，经处理后再利用的称为中水。材料主要为铸铁、球墨铸铁，部分有 PE 和水泥；埋设方式绝大部分为直埋。

（3）排水系统。

按污水和雨水分流的规划原则，排水系统由雨水管沟和污水管道组成，大部分沿街道敷设。材料主要为水泥，部分为塑料；埋设方式为直埋。

（4）热力系统。

其可按工业供热、居民供热进行分类。热源由蒸汽和余热组成，热力管道分为蒸汽管和热水管，敷设完成的管道一部分是架空的明管，另一部分是直埋或地下热力管沟的暗管。

（5）燃气系统。

管道为高、中压钢管，低压钢管及 PE 管。

（6）电力电缆系统。

其大部分是埋地敷设，埋设方式为直埋、沟埋、管埋、管块。

（7）通信系统。

其大部分是埋地敷设，埋设方式为直埋、沟埋、管埋、管块。

（8）工业系统。

其主要有原油、天然气、乙烯、丙烯、汽油、柴油、液化气、渣油等管线。材料为钢，均采用直埋。

1.6.2　地下管线的组成

地下管线包括管线上的建(构)筑物和附属设施。建(构)筑物包括水源井、给排水泵站、水塔、清水池、化粪池、调压房、动力站、冷却塔、变电所、配电室、电信交换站、电信塔(杆)等，附属设施包括各种窨井、阀门、水表、排气排污装置、变压器、分线箱等。

地下管线可抽象为管线点(管线特征点)和管线段。其中，管线点可细分为各种窨井、各种塔杆电缆分支点、上杆、下杆、消防栓、水表、出水口、测压装置、放气点、排污装置、排水器、涨缩器、凝水井、变坡点、变径点等。管线段又组成环。地下管网为由环状网和树状网组成的复杂网络，有的管线还具有多方向连通关系。

地下管线按材质可划分为三大类，即由铸铁、钢材构成的金属管线；由铜、铝材料构成的电缆，由水泥、陶瓷和塑料构成的非金属管道(含钢筋混凝土管、砖石沟道)。地下管线探查使用的物探仪器和方法与管线材质密切相关。

第 2 章　管网探测基本原理

2.1　电磁法（金属管线仪）探测原理

电磁法根据电磁感应定律，借助仪器设备，观测电磁场的变化，确定电磁场的空间与时间分布规律，从而达到探查地下金属管线的目的。

电磁法可分为频率域电磁法和时间域电磁法，前者利用多种频率的谐变电磁场，后者利用不同形式的周期性脉冲电磁场。由于这两种方法均遵循电磁感应规律，故基础理论和工作方法基本相同。目前的地下金属管线探测方法，以频率域电磁法为主。

电磁法探测的工作原理：通过发射装置对金属管线或电缆（合称管缆）施加一次交变场源，激发其产生感应电流，在管缆的周围产生二次场，通过接收装置在地面测定二次场及其空间分布，然后根据这种磁场的分布特征来判断地下管缆所在的水平位置和埋藏深度，如图 2-1 所示。

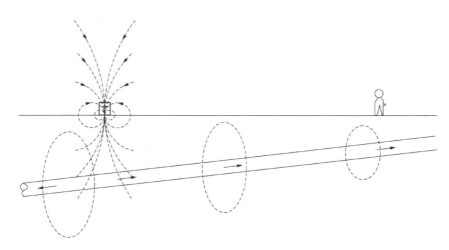

图 2-1　电磁法工作原理示意

2.1.1　频率域电磁场的特征

（1）交变电磁场。

随时间变化的磁场或电场是交变的。交变磁场可产生交变电场，交变电场又可产生交变磁场，两者相互依赖，相互联结，成为一个统一体，即交变电磁场。

交变电荷产生交变电场，总电场为交变电荷和交变磁场所产生的电场之和。交变电场分成两部分，一部分是运动着的交变电荷所产生的，它终止于电荷；另一部分是交变磁场所产生的，它是封闭的。交变电流也产生交变磁场，总磁场为交变电流和交变电场所产生的磁场之和。交变磁场的磁感应线（磁力线）永远是封闭的，连续而不中断。

磁偶极子通过交变电流后，在附近产生交变磁场，在交变磁场附近又产生了交变电场，随后，交变电场的附近又产生交变磁场，一圈套一圈，循环前进（图 2-2）。

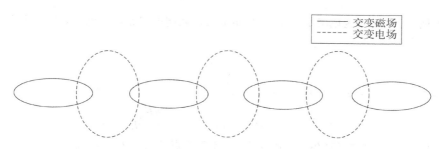

　　　　　　—— 交变磁场
　　　　　　---- 交变电场

图 2-2　电磁波的传播示意

（2）一次场和二次场。

电磁法探测地下管线是通过发射机向地下目标体施加交变的电磁场，并在周围建立谐变磁场，该场称为一次场。地下良导体在交变磁场的影响下形成交变电流，携带交变电流的管线在周围又形成谐变磁场，此场称为二次场。二次场的大小与发射场源的形式，电流的大小，频率的高低，管线的物性材质、几何形状、赋存深度、测点位置等因素有关。用电磁法探测地下管线时，较多的是通过探测二次场在地面的分布特征来探查管线在地下空间的埋设位置。下面推导说明一次场与二次场的关系。

谐变电流 I_1 通过发射机的发射线圈（图 2-1）在周围产生足够强的一次谐变磁场（图 2-3），并在地下良导体（金属管线）中形成感应电动势 e：

$$I_1 = I_{10} e^{i\omega t}, \ H_1 = H_{10} e^{i\omega t}, \ e = -M \frac{\mathrm{d}I_1}{\mathrm{d}t} = -\mathrm{i}\omega M I_1 \qquad (2-1)$$

式中，下标"1"表示一次场的量，下标"10"表示该量的振幅；I 为电流（单位：A）；H 为电磁场的大小（单位：T）；e 为感应电动势（单位：V）；ω 为频率；M 为发射线圈与地下管线间的互感系数，由发射线圈及地下管线的形状、间距、方位等因素决定。

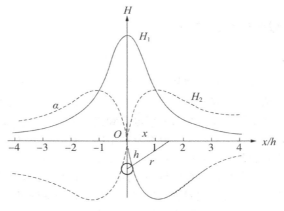

图 2-3 管线一次谐变磁场曲线

若把地下管线视为电阻 R 和电感 L 组成的串联闭合回路，则该等效回路中产生的感应电流为：

$$I_2 = \frac{e}{R + i\omega L} \tag{2-2}$$

将式（2-1）代入式（2-2），可得：

$$I_2 = - MI_1 \left(\frac{\omega^2 L}{R^2 + \omega^2 L^2} + i \frac{\omega R}{R^2 + \omega^2 L^2} \right) \tag{2-3}$$

感应电流 I_2 在周围产生二次磁场 H_2，空间某点的二次场为：

$$H_2 = - MI_1 G \left(\frac{\omega^2 L}{R^2 + \omega^2 L^2} + i \frac{\omega R}{R^2 + \omega^2 L^2} \right) \tag{2-4}$$

式中，G 为几何因子。可以看出，二次磁场 H_2 也分为虚分量、实分量。虚分量、实分量和垂直分量、水平分量是两个完全不同的概念。虚分量、实分量是指时间（或相位）关系，而垂直分量、水平分量则是指空间关系。磁场在直角坐标系中可分解为水平分量和垂直分量，测量磁场水平分量或垂直分量的方法称为水平分量法或垂直分量法。

（3）异常场的频率特性。

为了说明异常场的频率特性，可将式（2-4）改写成以下形式：

$$H_2 = - \frac{MI_1 G}{L} \left(\frac{\alpha^2}{1 + \alpha^2} + i \frac{\alpha}{1 + \alpha^2} \right) \tag{2-5}$$

式中，α 称为相应函数，或称为地下导体的品质因素，由地下导体的电磁性质与频率 $\omega = 2\pi f$ 决定。由式（2-5）可知，因为式中括号内的部分仅与地下导体性质和频率 ω 有关，与发射、接收线圈和地下导体的相对位置无关，与线圈位置有关的是括号前面的因子，所以二次场 H_2 既与导体性质、频率有关，又与线圈位置有关。令 $- \frac{MI_1 G}{L} = 1$，可从式（2-5）推出二次场 H_2 异常场的频率特性。虚分量值在低频时与频率成正比；当频率增加到 $\omega = \frac{R}{L}$ 时，出现峰值，此时的频率称为最佳频率 f_0。继续增加频率，虚分量反而减小。低频时实分量与频率平方成正比，其值小于虚分量。当频率增加到 $\omega = \dfrac{R}{L}$ 时，实分量与虚分量相等。继续提高频率，实分量大于虚分量，上升速度减小，最后达到饱和。这说明地下导体产生的异常场是随着工作频率的不同而变化的，为了获得较强的异常场，必须改变并选择合适的工作频率。由于地下不同目标体之间电磁性质存在差异，因此改变频率有助于识别并区分这些目标体的存在。

此外，当地下导体的电磁性质一定时，改变发射线圈、接收线圈与地下导体的相对位置，异常场 H_2 的空间分布也会发生变化。地下管线的频域电磁探测中就应用了异常场随空间和频率变化而变化的理论。

(4)水平无限长直管线中电流的电磁响应。

真正的无限长直管线在实际工作中并不存在，但等效的无限长直管线却常见。当在垂直于管线走向的某一剖面进行观测时，若该剖面与管线某一端(或管线走向变向点)之间的距离远大于管线埋深(4~5 倍或更大)时，即可把该管线端视为无限延伸。图 2-4 (a)绘出了水平无限长直导线中电流的磁场分量曲线。在直角坐标系中，磁场可分为水平分量 H_x 和垂直分量 H_z，H_P 为某一点的磁感应强度。无限长通电直导线在其周围某一点产生磁场的磁感应强度与电流成正比，与导线到这一点的距离成反比。计算时各参量的关系如图 2-4(b)所示，对应的公式如下：

$$H_P = K\frac{I}{r} \tag{2-6}$$

$$H_x = H_P\cos\alpha = K\frac{I}{r}\frac{h}{r} = KI\frac{h}{x^2 + h^2} \tag{2-7}$$

$$H_z = H_P\sin\alpha = K\frac{I}{r}\frac{x}{r} = KI\frac{x}{x^2 + h^2} \tag{2-8}$$

$$\alpha = \arctan\frac{H_z}{H_x} = \arctan\frac{x}{h} \tag{2-9}$$

式中，K 为常数；I 为目标体电流(单位：A)；r 为目标体中心到点 P 的斜距，x 为目标体平面中心投影点 O 到点 P 的水平距离，h 为目标体的中心埋深，它们的单位均为 m。

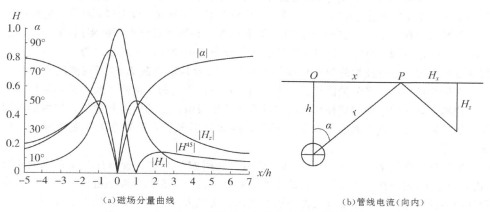

(a)磁场分量曲线　　　　　　　(b)管线电流(向内)

图 2-4　水平无限长直导线中电流的电磁响应及参量示意

当接收线圈面法向方向与水平面夹角为 45°时，接收线圈所测得的交变磁场以 H^{45} 表示，其值为：

$$H^{45} = \frac{1}{\sqrt{2}} KI \frac{x - h}{x^2 + h^2} \qquad (2-10)$$

图 2-4(a)中的 H_x、H_z、H^{45} 曲线都是以 $H_x^{\max}$ 进行归一后的曲线，它们与 α 曲线的特点分别为：

(1) H_x 曲线。它是单峰纵轴对称异常曲线。该曲线异常幅度最大，其异常峰值正好在管线正上方（$x=0$ 处），在该点，H_x 的斜率为零。该异常范围较窄，异常半极值点宽度正好是管线埋深的 2 倍。0.8 倍极值的宽度正好是管线的埋深。

(2) H_z 曲线。它是关于原点对称的曲线。该曲线的过零点或 H_z 振幅绝对值曲线的最小点（哑点）正好与管线在地面上的投影相对应，且斜率最大。在 $\frac{x}{h} = \pm 1$ 处，H_z 取得极值。H_z 曲线作为一个完整的异常曲线，其模式一定要满足振幅的变化格式，即"小-大-小-大"格式，也就是哑点-峰值-哑点-峰值。

(3) α 曲线。它是关于原点对称的曲线。该曲线的过零点正对应管线在地面上的投影。在过零点附近，曲线的斜率最大。$\alpha = \pm 45°$ 间的距离等于管线埋深的 2 倍。

(4) H^{45} 曲线。它是双峰异常曲线，但一个峰值（极值）大，另一个较小。该曲线的过零点（哑点）正好与 $\frac{x}{h} = \pm 1$ 相对应，即过零点与 H_z 分量的过零点间的距离正好等于管线的埋深。

通过对上述这些异常曲线的对比研究，可以清楚地看出：

(1)在管线的正上方，即 $x=0$ 处，有 $H_z = 0$，$H_x = H_x^{\max}$，$\alpha = 0$。

(2)在 $\frac{x}{h} = 1$，即 $x = h$ 处，有 $H_z = H_z^{\max} = \frac{1}{2} H_x^{\max}$，$H_x = \frac{1}{2} H_x^{\max}$，$\alpha = 45°$。

分析这些特征点上的特征值，可以得到 3 种可行的定位、定深方案。

方案一：利用 $H_z = 0$ 的点确定平面位置，再利用 $H^{45} = 0$ 对应点的位置，量出它与 $H_z = 0$ 对应点的距离，便可直接求出埋深。零点附近曲线的斜率大，定位的准确性高，是单一管线探查较为理想的方案，但在外界干扰较严重和多管线地段会遇到麻烦，应慎重。

方案二：利用 $H_x = H_x^{\max}$ 的点确定平面位置，利用半极值点间的距离（等于 $2h$）求埋深。这就是所谓的单峰法、单天线法、水平分量特征值法，一般称之为极大值法。从数学的角度讲，这种技术的定位精度是不高的，因为其定位在 $H^{\max}$ 所在点附近，且曲线的变化率最小。水平分量曲线最具吸引力的地方在于它的异常幅度最大和异常形态单一，特别是对决定平面位置和埋深起关键作用的半极值以上的那些异常值，在所能观测到的各类异常特征点中具有最高的信噪比，因此利用水平分量异常来探查管线可以更准、更深。

方案三：利用 $H_z = 0$ 的点确定水平位置，利用 $H_z^{\max}$ 点的位置与 $H_z = 0$ 的点间距离（正好等于 h）定埋深。这就是所谓的垂直分量特征值法，亦称为极小值法。因为极值点附近场强的变化太慢，在实际观测中很难精确找出极大值点的位置，所以求埋深的精度不高。如果再遇到干扰大的地段，就找不准确定平面位置所需的极小值点。这种观测方案的实用性较差。

以上 3 种方案都是利用各种异常在水平方向上的变化特征来确定管线的平面位置和埋深的。与 H_z 曲线相比，H_x 曲线的异常更简单、直观，所测数据的精度或可靠性大于 H_z，其异常值也大，容易发现，特别是埋深较大时用极大值法定位要比极小值法更优越。

2.1.2　频率域电磁法使用条件和应用范围

发射机的发射线圈在谐变电流的作用下产生谐变的电流，称为一次电流。地下管线在谐变磁场的影响下形成的谐变电流，称为二次电流。地下管线在二次电流的作用下，形成的电磁场，称为二次场。探测者通过接收机的接收线圈来测定二次场，以寻找地下管线的存在和具体位置。因此，利用电磁感应原理的频率域电磁法的主要探查目标是金属管线和电缆；对于有出入口的非金属管道（如排水管、电力预埋水泥管），配上可置入管道内的示踪器，也可以进行探查。频率域电磁法探查的地下管线应是金属材质，且一般应满足下列应用条件：

（1）被探查管线与周围介质要有明显的导电性、导磁性、介电常数差异。

（2）被探查管线具有一定的管径和延伸长度。

（3）干扰因素与探测目标体存在能分辨出的异常。

（4）工作环境应满足基本的工作要求。

频率域电磁法的方法分类和适用范围见表 2-1。

表 2-1　频率域电磁法的方法分类和适用范围

方法名称		基本原理	使用特点	应用范围	适应管类
被动源法	工频法	利用电力电缆电源、工业游散电流对金属管线感应所产生的二次电磁场	方法简便，成本低，工作效率高，不能精确定深、定位	对探测区域予以盲测，避免丢漏管线。这是一种简便、快速的方法	即"P"模式，可搜索被电力和大地游散电流激发的热力、燃气、工业等金属管线
	甚低频法	利用甚低频无线电发射台的电磁场对金属管线感应所产生的二次电磁场	方法简便，成本低，工作效率高，不能精确定深、定位	在一定条件下，可用来搜索通信电缆或金属管线	即"R"模式，主要适用于通信类管线的搜索和个别被激发的金属管线，激发能力比游散电流差
主动源法	直接法	利用发射机一端接被查金属管线，另一端接地或接金属管线另一出漏点，直接将场源信号施加到被查金属管线上	信号强，定位、定深精度高，且不易受邻近管线的干扰，但被查金属管线必须有出露点	金属管线有出露点时，用于定位、定深或追踪各种金属管线	除线缆类、燃气和易燃的工业管线外，其他金属管线均可采用该方法

续表 2 – 1

方法名称		基本原理	使用特点	应用范围	适应管类
主动源法	夹钳法	利用专用地下管线仪配备的夹钳夹套在金属管线上，通过夹钳上的感应线圈把信号施加到金属管线上	信号强，定位、定深精度高，且不易受邻近管线的干扰，方法简便，但被查管线必须有管线出露点，且被测管线的直径受夹钳大小的限制	用于管线直径较小且有出露点的金属管线，可用于定位、定深或追踪	只要管径大小适合夹钳，所有管线均可以使用
	磁偶极感应法	利用发射线圈产生的电磁场对金属管线感应所产生的二次电磁场	发射、接收均不需接地，操作灵活、方便、效率高、效果好	可用于搜索金属管线，也可用于定位、定深或追踪	所有管线均适用
	示踪电磁法	将能发射电磁信号的示踪探头或电缆送入非金属管道内，在地面上用仪器追踪信号	能用探测金属管线的仪器探查非金属管道，但必须有放置示踪器的出入口	用于探查出入口的非金属管道	一般适用于暗沟暗河之类未封闭的非金属管线

2.2 电磁波法（地质雷达）探测原理

探地雷达法（ground penetrating radar method）是利用探地雷达发射天线向目标体发射高频脉冲电磁波，由接收天线接收目标体的反射电磁波，探测目标体空间位置和分布的一种地球物理探测方法。其实际是利用目标体及周围介质的电磁波的反射特性，对目标体内部的构造和缺陷（或其他不均匀体）进行探测。

探地雷达是近年来一种新兴的地下探测与混凝土建筑物无损检测的新技术，它利用宽频带高频电磁波信号探测介质结构位置和分布，可用于探测混凝土内部缺陷。探地雷达天线抗干扰性强，探测范围广，分辨率高，具有实时数据处理和信号增强功能，可进行连续透视扫描，现场实时显示二维黑白或彩色图像。探地雷达工作示意如图 2 – 5 所示。

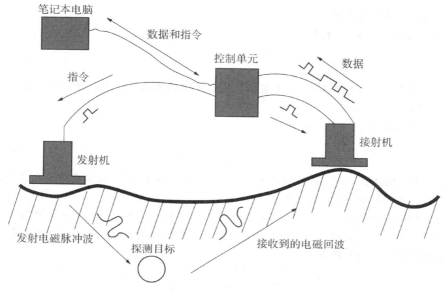

图 2-5　探地雷达工作示意

　　探地雷达通过天线对隐蔽目标体进行全断面扫描后获得断面的垂直剖面图像，具体工作原理是：雷达系统利用天线向地下发射宽频带高频电磁波，当电磁波信号在介质内部传播过程中遇到介电差异较大的介质界面时，就会发生反射及透射。两种介质的介电常数差异越大，反射的电磁波能量也越大。反射回的电磁波被与发射天线同步移动的接收天线接收后，由雷达主机精确记录下反射回的电磁波的运动特征，再通过信号技术处理，形成全断面的扫描图。工程技术人员通过对雷达图像进行解读，判断出地下目标物的实际结构情况。探地雷达工作原理如图 2-6 所示。

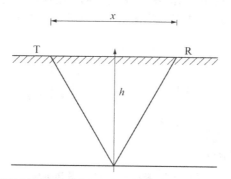

探地雷达主要利用宽带高频时域电磁脉冲波的反射探测目标体。

图 2-6　探地雷达工作原理

探地雷达基本参数如下：

(1)电磁脉冲波旅行时间。

$$t = \frac{\sqrt{4z^2 + x^2}}{v} \approx \frac{2z}{v} \qquad (2-10)$$

式中，z 为勘查目标体的埋深，x 为发射、接收天线的距离，v 为电磁波在介质中的传播速度。因 $z > x$，故 x 可忽略。

(2)电磁波在介质中的传播速度。

$$v = \frac{c}{\sqrt{\varepsilon_r \mu_r}} \approx \frac{c}{\sqrt{\varepsilon_r}} \qquad (2-11)$$

式中，c 为电磁波在真空中的传播速度(0.29979 m/ns)，ε_r 为介质的相对介电常数，μ_r 为介质的相对磁导率(一般 $\mu_r \approx 1$)。

(3)电磁波的反射系数。电磁波在介质传播过程中，当遇到相对介电常数明显变化的地质现象时，电磁波将产生反射及透射现象，其反射和透射能量的分配主要与异常变化界面的电磁波反射系数有关。

$$r = \frac{(\sqrt{\varepsilon_2 \mu_2} - \sqrt{\varepsilon_1 \mu_1})^2}{(\sqrt{\varepsilon_2 \mu_2} + \sqrt{\varepsilon_1 \mu_1})^2} \approx \frac{(\sqrt{\varepsilon_2} - \sqrt{\varepsilon_1})^2}{(\sqrt{\varepsilon_2} + \sqrt{\varepsilon_1})^2} \qquad (2-12)$$

式中，r 为界面电磁波反射系数，ε_1 为第一层介质的相对介电常数，ε_2 为第二层介质的相对介电常数。

(4)探地雷达记录时间和勘查深度的关系。

$$z = \frac{1}{2}vt = \frac{1}{2} \cdot \frac{c}{\sqrt{\varepsilon_r}} \cdot t \qquad (2-13)$$

式中，z 为勘查目标体的深度，t 为雷达记录时间。

电磁波的传播取决于介质的电性，介质的电性主要有电导率 μ 和介电常数 ε。前者主要影响电磁波的穿透(探测)深度；在电导率适中的情况下，后者决定电磁波在该物体中的传播速度。由于不同的地质体(物体)具有不同的电性，因此，在不同电性的地质体的分界面上都会产生回波。基本目标体探测原理如图 2-7 所示。

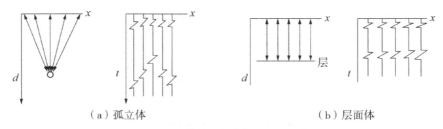

（a）孤立体　　　　　　　　　　　（b）层面体

图 2-7　基本目标体探测原理示意

探地雷达仪器图如图 2 - 8 所示。

图 2 - 8　瑞典 MALA 探地雷达主机(左)和 100 MHz 屏蔽天线(右)

第3章　管网探测的技术与方法

3.1　管网探测的方法

地下管网探测的方法，从探测方式和手段上来讲有 2 种：一种是开井调查与开挖样洞或钎探相结合的方法，该方法直观、误差小或零误差，但探测成本高，效率低，具有一定的风险；另一种是用地下管线探测仪的物探方法，该方法快捷，但存在多解性。物探方法包括电磁探测法、电探测法、夹钳法、电磁波法等，下面分别予以简介。

3.1.1　电磁探测法

电磁探测法是利用交变电磁场对导电性或导磁性的物体具有激发作用的特性，观测所发射一次场或观测在一次场作用下所产生的二次电磁场，以此来发现被感应的物体的空间赋存位置。

地下管线探测采用了频率域电磁法。频率域电磁法因具有探查精度高、抗干扰能力强、应用范围广、工作方式灵活、成本低等优点而应用最为广泛。其前提是：地下管线与周围介质之间有明显的电性、磁性差异；管线长度远大于管线埋深。常用的方法有 2 种：一是主动源法，即利用人工方法把电磁信号施加到地下的金属管线上；二是被动源法，即直接利用金属管线本身所带有的电磁场进行探查，有工频法和甚低频法。

利用管线探测仪器专用的发射机及发射线圈产生的电磁场，在金属管线上感应产生的电磁信号，通过管线探测仪器的接收机接收感应信号，分析地下管线的平面位置和埋深。其工作装置示意如图 3-1 所示。

图 3-1　电磁探测法工作装置示意

3.1.2　电探测法

电探测法(直流电阻率法)是用 2 个供电电极向地下供直流电,电流从正极传入地下再回到负极,在地下形成电场。当存在金属管线时,金属管线对电流有"吸引"作用,使电流密度的分布产生异常;若地下存在水泥或塑料管道,它们的导电性极差,于是对电流有"排斥"作用,同样也使电流密度的分布产生异常。这实质就是低阻体和高阻体对于电流的响应结果。通过在地面布置 2 个测量电极便可观测到这种异常,从而可以判断是否存在金属管线或非金属管线并确定其位置。该种方法虽然理论上是可行的,但由于受到多种条件的限制(接地电极的布设、极距、接地条件自然环境等),一般不被采用。

对被探查的金属管线供电,利用金属管线充电后在其周围产生的电场,通过管线探测仪器的接收机接收金属管线充电后产生的电场信号,分析地下管线的平面位置和埋深。其工作装置示意如图 3-2 所示。

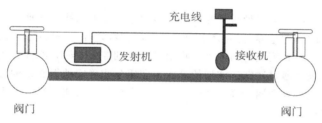

图 3-2　电探测法工作装置示意

3.1.3　夹钳法

利用管线探测仪器专用夹钳上的感应线圈,把电磁波信号直接加到金属管线上,通过管线探测仪器的接收机接收并追踪电磁波信号,分析地下管线的平面位置和埋深。其工作装置示意如图 3-3 所示。

图 3-3　夹钳法工作装置示意

3.1.4 电磁波法

电磁波法(探地雷达)探测技术是利用高频电磁脉冲波在不同电磁性介质中的传播规律来探测地下目标体分布形态及特征的一种方法。它利用脉冲形式的宽带电磁波来探测地表之下的或确定不可视的物体或结构。经过几十年的发展,探地雷达逐渐趋于成熟,且由于其具有高分辨率、高效率等优点,因此被广泛应用于工程、环境和资源等浅部地球物理领域,取得了很好的效果。与其他地球物理方法相比,探地雷达具有以下优势:①无损性或非接触性。②高效率,设备轻便,操作简单;从数据采集到图像处理实现一体化,可进行实时测量,并输出现场剖面记录图。③抗干扰能力较强,可在各种噪声环境下工作。

虽然地下管线探测从理论上讲有多种物探方法可以被采用,但结合实际作业环境、技术的局限性、分辨率及工程成本等方面来看,适合地下管线探测的物探方法则是电磁探测法和电磁波法。

利用高频电磁波以宽频带短脉冲形式由地面通过发射天线送入地下,由于周围介质与管线存在明显的物性差异(主要是电导率和介电常数差异),脉冲在界面上产生反射和绕射回波,接收天线收到这种回波后,将信号传输到控制主机,经计算机处理,将雷达图像显示出来,最后通过对雷达波形的分析,利用公式确定地下管线的位置和埋深。探地雷达能够很好地探查金属管线,对非金属管线同样具有快速、高效、无损及实时展示地下图像等特点(图 3 - 4)。

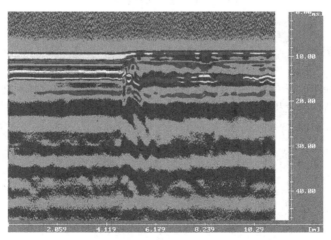

用 RAMAC 地质雷达探测一埋深为 4 m 的地下管线。

图 3 - 4 探地雷达法效果

3.2 管网探测的程序和原则

3.2.1 管网探测的程序

管网探测工作一般按以下程序进行：资料收集、现场踏勘、仪器校验、方法试验、实地调查、仪器探查和探查质量检验、管线测量、数据建库、成果提交等。

管网探测作业前，应按照有关技术指标对所有准备投入使用的物探仪器设备进行一致性校验，仪器必须是经过年检的。方法试验应选择在有代表性的路段进行。对于不同类型的管线、不同材质和不同的地球物理条件，应分别进行试验。方法试验的结果是管网探测技术方法的选择的基础和技术设计的依据内容之一。

实地调查时参照地下管线现况调绘资料对管线位置、走向和连接关系进行探查，重点对明显管线点（如消防栓、接线箱、窨井等）做详细调查、记录和测量，同时确定需用仪器探查的管线段。对明显管线点的调查一般采用直接开井量测法，并现场做管线点调查记录，按管类分别记录调查项目。应查明每条管线的性质和类型，测量其埋深。地下管线的埋深分为内底埋深、外顶埋深。各种管线实地调查项目内容参照《城市地下管线探测技术规程》(CJJ 61—2017)相关规定执行，结合实际应用，见表 3-1。所有地面管线点按规定的要求设置地面标志，并绘制位置示意图；管线特征点和附属物及建(构)筑物名称参照《城市地下管线探测技术规程》(CJJ 61—2017)相关规定执行，见表 3-2，或按照委托方的要求确定。

表 3-1 各种地下管线实地调查项目

管线类别		埋深		断面		孔数	根数	材质	附属物	载体特征			建设年代	权属单位
		内底	外顶	管径	宽×高					压力	流向	电压		
给水		—	▲★	▲★	—	—	—	▲☆	▲★	—	—	—	△	△
排水	管道	▲★	—	▲★	—	—	—	▲☆	▲★	—	▲★	—	△	△
	压力	▲★	—	▲★	—	—	—	▲☆	▲★	—	▲	—	△	△
	沟道	▲★	—	—	▲★	—	—	▲☆	▲★	—	▲★	—	△	△
燃气		—	▲★	▲★	—	—	—	▲☆	▲★	▲	—	—	△	△
热力		—	▲★	▲★	—	—	—	▲☆	▲★	—	—	—	△	△
工业	压力	—	▲★	▲★	—	—	—	▲☆	▲★	▲	▲	—	△	△
	自流	▲★	—	▲★	—	—	—	▲☆	▲★	—	▲☆	—	△	△
	沟道	▲★	—	—	▲★	—	—	▲☆	▲★	—	▲☆	—	△	△

续表 3-1

管线类别		埋深		断面		孔数	根数	材质	附属物	载体特征			建设年代	权属单位
		内底	外顶	管径	宽×高					压力	流向	电压		
电力	管块	—	▲★	—	▲★	▲★	△★	▲☆	▲★	—	—	▲☆	△	△
	沟道	▲★	—	—	▲★	—	△★	▲☆	▲★	—	—	▲☆	△	△
	直埋	—	▲★	—	—	—	△★	▲☆	▲★	—	—	▲☆	△	△
通信	管块	—	▲★	—	▲★	▲☆	△★	▲☆	▲★				△	△
	沟道	▲★	—	—	▲★	—	△★	▲☆	▲★				△	△
	直埋	—	▲★	—	—	—	△★	▲★	▲★	▲☆			△	△
其他	综合管沟	▲★	—	—	▲★	—	—	▲☆	▲★				△	△
	特殊管线	—	▲★	▲★	—	—	—	▲☆	▲★				△	△
	不明管线	—	▲★	▲★	—	—	—	▲☆	▲★					

注:"▲"表示地下管线普查应查明的项目;"△"表示地下管线普查宜查明的项目;"★"表示建设工程地下管线详查和施工场地地下管线探查应查明的项目;"☆"表示建设工程地下管线详查和施工场地地下管线探查宜查明的项目;"—"表示无须调查的项目。

表 3-2　各种管线上的建(构)筑和附属设施

管线种类	地面建(构)筑物	管线点		量注项目
		特征点	附属物	
给水	水源井、净化池、泵站、水塔、水池	转折点、三通、四通、变径	阀门、放水口、消火栓、各种窨井、水表	管径、材质
排水(含雨、污水)	化粪池、净化池、泵站、暗沟地面出口	起终点、进出水口、交叉口、转折点	各种窨井、雨水蓖、排污装置	管径、断面尺寸、材质
电力	变电室、配电房、高压线杆	转折点、分支点、上杆	各种窨井、变压器、塔	电压、断面尺寸、条数、材质套管孔数、孔径、材质
电信	变换站、控制室	转折点、分支点、上杆	接线箱、各种窨井	材质、断面尺寸、套管孔数、孔径、材质

续表 3 - 2

管线种类	地面建(构)筑物	管线点		量注项目
		特征点	附属物	
信号电缆	变电室、控制室、信号架	转折点、分支点、上杆	各种窨井、控制柜、信号灯	条数、套管孔数、孔径、材质
广播电视	差转台、发射塔	转折点、分支点、上杆	接线箱、各种窨井	材质、断面尺寸、套管孔数、孔径
燃气	气化站、调压室、储配站、门站	转折点、三通、四通、变径	排气装置、阀门、各种窨井、凝水缸	管径、材质、压力
工业管道	锅炉房、动力站、冷却塔、支架	转折点、三通、四通、变径	各种窨井、阀门、排液、排污装置	管径、材质、压力
热力	锅炉房、加压站	转折点、三通、四通、变径	各种窨井、阀门	管径、材质、压力

注：①铁路、民航、部队及其他专业管线参照本规定执行，但应注明权属单位及用途。②电力及其他管道(沟)测注的平面位置为管道(沟)外顶中心位置，埋深为上顶到地面的距离，套管和直埋电缆均以上顶计。综合管道(沟)内的管线要分别探测其平面位置和埋深，电缆埋深以最上一条到地面的距离为准。③电信、电力、有线电视等套管的断面尺寸为宽×高，量至套管的外径，对不规则的套管测量其外包络尺寸。

3.2.2　管网探测应遵循的原则

(1)从已知到未知。作业区内管线敷设情况完全已知的路段先实施仪器探查，在探查技术方法基本确定后将之推广到其他待探查的路段。

(2)从简单到复杂。管线稀疏路段先探查，管线稠密路段后探查；埋深较浅的管线先探查，埋深较深的管线后探查；宜采用分步剥离、逐级剔除的方法进行探查。

(3)方法有效、快捷、轻便。优先采用成本较低、探查效果较好、方便快速的技术方法进行探查。

对管线分布复杂、地球物理条件较差和干扰较强的路段应采用综合技术手段和多种物探方法。

3.2.3　进行管网探测应具备的条件

(1)被探查的地下目标管线与周围介质之间有明显的物性差异，也就是管线与周围介质电磁性存在比较大的差异。

(2)被探查的地下管线所产生的电磁异常足够强，能从干扰背景中容易分辨出来。

（3）探查精度能达到《城市地下管线探测技术规程》（CJJ 61—2017）的要求。

总的来讲，地下管线探查应根据工作区的任务要求、探查对象和该区的地球物理条件，通过方法试验来选择确定物探技术与方法。

3.3 管网探测的工作方法与技术

3.3.1 明显管线点的调查方法

明显管线点调查主要采用开井查看的方法（图3-5）。依据《城市地下管线探测技术规程》（CJJ 61—2017）的要求，在调查探测的同时，于地面上设立管线点，将管线类别、附属物名称、管道材质、断面尺寸、埋深等各种特征和属性填入"管线点调查记录表"，实地绘制管线草图。对于直接调查未能获得的管线走向、位置、隐蔽点等属性，用仪器进行探查，并补充到记录表和草图中。具体方法如下：

（1）管线规格用钢卷尺下井量测。

（2）排水沟测量矩形断面内壁的宽和高，电缆沟道测量沟道断面内壁的宽和高，电缆管块或电缆管组测量其最大外包络尺寸的宽和高，地下综合管沟测量矩形断面内壁的宽、高和沟底深度。

（3）同一规格的地下管线，其管线规格记录应统一。

（4）电力或通信管线，应查明管块孔数，当电缆含保护材料时，调查记录其保护材料的材质。通过铭牌调查电力的电压值，管组中含有多等级电压时以最高电压记录。

（5）排水管线调查排水流向，对压力管进行备注。

（6）燃气管道需要调查附属物铭牌标记的压力值，管道的压力等级分为低压、中压、次高压、高压和超高压。

（7）工业、输油管线调查附属物铭牌标记的压力值，压力等级分为无压、低压、中压和高压。

（8）长输管线调查按其类别调查对应类别的压力（压强、电压）等级，如长途输电调查其电压等级。

（9）对于现场无法调查压力值的电力、燃气、工业等管线，应先参考现有管线资料，管线资料上也没有相关数据的提交权属单位核对，这几种方法都得不到相关数据的应填"压力未知"。

（10）双井工作室、综合管沟、排水沟、非规则形状的井、一井多盖及大型工作井（任一边长超过2 m时）等应作为管线构（建）筑物详细调查，电缆类管线在进出检修井的实际位置定管线点（该点称为井边点）。

图 3-5　明显管线点采用开井查看

3.3.2　隐蔽管线点的探测方法

（1）燃气管线隐蔽管线点的探查方法。

燃气管线主要用于输送天然气。管线材料一般为 PE，少量为钢。近几年建设的管线可能示踪线敷设较连续，较早前建设的管线存在未敷设示踪线和示踪线敷设不连续的情况。对钢管和敷设示踪线的燃气管线探查方法宜采用低频磁偶极法。根据方法试验的结果，工作频率以 8 kHz、33 kHz 为宜。对于未敷设示踪线和示踪线敷设不连续的情况，可通过开挖验证进行定位、定深。在野外具体施工时，可根据周边各种管线分布情况，灵活选择探查方法。燃气 PE 管道若敷设有示踪线，定位和定深均为示踪线的位置，需要依据示踪线与燃气管道的相对关系进行管顶实际埋设的修正。

低频磁偶极法主要用于较长距离时对管线进行追踪和定位。它有 2 种激发方式，分别为水平线圈激发和直立线圈激发。前者主要在管线走向不明的区域进行管线追踪及管线密集区采用压线法时用，后者多用于管线走向较清晰时的长距离追踪探查。

在多管线区域及走向变化不大的地段，采用定位精度最高的水平分量垂向差值极大值法来定位。在管线走向变化剧烈或突变处（如分支、拐弯处等），以及受其他因素干扰时，不能采用上述定位方法，应根据具体情况采用交会或逐次逼近的方法定位或进行剖面探查。

定深方法主要采用 70%测深法及直读法作为参考。

PE 管道探测难度较大，可采用地质雷达探测管线或探测管道所埋设的开挖沟道；当 PE 管道有金属材质示踪线时，可直接探测示踪线的位置，并结合开挖结果，以及权属单位现场指证，以此来确定管线的空间位置。

（2）给水、工业管线隐蔽管线点的探查方法。

在管线条件（有出露点）允许的情况下，可采用直接法直接向目标体施加一次场，增加激发强度，于地面搜索一次场的传播方向，以达到探查目的（图3-6）。

图3-6 直连法给水管线探测

直接法有单连和双连。单连是一端接明显点，另一端接大地，与管线形成回路；双连是导线两端接管线两端的明显点形成回路。因可供激发点少，且受接地条件等环境限制，单连主要用于一些明显点附近走向复杂及地下管线出地点附近的探查工作（如给水等的三通点、管线密集处）。在管线分布密集处，管线平面间距近，在条件具备（有2个以上接线点）的情况下可采用双连法进行激发。

在远距离无明显点出露或接地条件不允许的时候，可采用感应法探查，能取得有效的探查效果。

依据方法试验结果，无论是直接法还是感应法，工作频率选择33 kHz为宜，在管线相对稀疏的地段，可采用更高频率向目标体施加一次场。

定位方法采用水平分量垂向差值最大值法，此种方法定位精度最高。

定深方法主要采用70%测深法、直读法。难度较大之处可结合钎探或开挖结果来进行判断分析。

（3）电力、通信隐蔽管线点的探查方法。

感应环（夹钳）激发法主要特点是激发信号较强，探查距离较远，主要用于电缆类或小管径金属管线的探查。复杂地段工作频率以8 kHz、33 kHz、65 kHz为宜，一般地段工作频率以33 kHz、65 kHz、83 kHz为宜。

定位方法采用水平分量垂向差值（梯度场）极大值法，此种方法定位精度最高。

定深方法主要采用70%测深法、直读法。

对于电缆盖板沟，一般尽可能打开盖板直接量测参数，以减少探查误差。

以管块、管束（簇）方式埋设的缆类管线，探测时宜选取最上面一排，用夹钳法夹取最外边一条电缆进行探测，再修正到中心位置、管顶埋深（图 3-7）。当电缆较多时，存在偏深或者偏浅的情况，注意修正埋深。探测光缆时，宜选取高频工作频率。

图 3-7　通信管道及夹钳法探测工作照

（4）其他。

对于非金属管线或复杂地段的金属管线可以采用电磁波法及钎探、直接开挖的方式进行探查。探地雷达利用高频电磁波的反射来探测目标体。其方法是要求测线垂直管状目标体连续扫描，在目标体上方接收反射回波。探地雷达可用于大口径金属、非金属管道（沟）的探测。

在不同种类管线并存的密集处，必须经过谨慎、认真的判断分析，采用剖面法进行定位、定深或换点探查；在管线走向变化剧烈（分支、拐弯等）处，可视具体情况采用交会或逐次逼近的方法定位，定深点应选在距分支或拐弯约该管线埋深 4 倍的直线段。

充分利用特征点（"三通""弯头""四通"）、不同管线间的穿越交叉（"穿井"）、有利地形条件等有选择性地采用多种激发方式解决平行管线探查问题。例如，管线穿越干燥雨水井或雨水篦井底时，酌情将发射机放到靠近管线的位置感应。

3.4　探测精度的要求及评定

根据中华人民共和国行业标准《城市地下管线探测技术规程》（CJJ 61—2017）的相应规定，地下管线探测成果精度应符合以下要求。

3.4.1　物探精度要求

（1）明显管线点探查精度。

当管线埋深小于 5 m 时，埋深中误差范围为 -2.5～2.5 cm；当管线埋深大于等于

5 m 时，埋深中误差范围为 $-5\sim 5$ cm。

（2）隐蔽管线点探查精度。

隐蔽管线点探查精度按表 3－3 执行。

表 3－3　隐蔽点探查精度限差表

水平位置限差/cm	埋深限差/cm	埋深/m
10	15	$h\leqslant 1.00$
$\pm 0.1h$	$\pm 0.15h$	$h>1.00$

注：h 为地面到管线中心的埋深，单位为 m。

3.4.2　精度评定

质量检查应遵循"均匀分布、随机抽样"的原则，进行总量不少于 3% 的同精度仪器重复探测检查和 $0.5\%\sim 1\%$ 的开挖检查；明显点要进行 $3\%\sim 5\%$ 的开盖（井）量测检查。按下列公式进行精度统计计算（单位：cm）。

（1）明显管线点量测埋深中误差：

$$M_{td} = \pm \sqrt{\frac{\sum \Delta d_{ti}^2}{2n_2}} \qquad (3-1)$$

（2）隐蔽管线点平面位置中误差：

$$M_{ts} = \pm \sqrt{\frac{\sum \Delta s_{ti}^2}{2n_1}} \qquad (3-2)$$

（3）隐蔽管线点埋深中误差：

$$M_{th} = \pm \sqrt{\frac{\sum \Delta h_{ti}^2}{2n_1}} \qquad (3-3)$$

（4）隐蔽管线点平面位置限差：

$$\delta_{ts} = \frac{0.10}{n_1}\sum_{i=1}^{n_1} h_i \qquad (3-4)$$

（5）隐蔽管线点埋深限差：

$$\delta_{th} = \frac{0.15}{n_1}\sum_{i=1}^{n_1} h_i \qquad (3-5)$$

式（3－1）至式（3－5）中，Δd_{ti} 为明显管线点埋深偏差，Δh_{ti} 为隐蔽管线点埋深偏差，Δs_{ti} 为隐蔽管线点平面位置偏差，n_1 为隐蔽管线点检查点数，n_2 为明显管线点检查点数，h_i 为第 i 个检查点管线中心埋深（当埋深不超过 100 cm 时，取 100 cm）。

第4章 管网探测的数据处理及管线图编绘

管网探测、测量工作完成后，在数据导入管理信息系统之前必须对数据进行必要的处理，形成满足一定要求的数据与图形文件，这就是管网数据处理及管线图编绘过程。

4.1 工作内容与要求

4.1.1 概述

数据处理包括地下管线属性数据的输入和编辑、元数据和管线图形文件的自动生成等。数据处理后的成果应具有准确性、一致性和通用性；地下管线元数据应能从图形文件和数据库中部分自动获取，以及可编辑、查询、统计。

地下管线图的编绘应在地下管线数据处理工作完成并经检查合格的基础上，采用数字成图。数字成图编绘工作应包括下列内容：比例尺的选定、数字化基础地理图和管线图的获取、注记编辑、成果输出等。

地下管线图分为综合地下管线图、专业地下管线图，以及管线的纵、横断面图。

4.1.2 数据处理与图形编绘软件

目前，国内外应用于数据处理与图形编绘的软件有很多。长期进行地下管线普查的单位基本都开发出管线数据处理软件。这些软件虽然功能、特点各有不同，但都具备以下基本功能：

(1)数据输入或导入：管线属性数据的输入和空间数据(测量数据)的导入。

(2)数据入库检查与排错：应能对进入数据库的数据进行常规错误检查。

(3)数据处理：能根据已有的数据库自动生成管线图形，并根据需要自动进行管线注记，实现图库联动和库图联动。

(4)图形编辑：可对管线图形、注记进行编辑，且可对管线图形按任意区域进行裁减或拼接。

(5)成果输出：具有绘制任意多边形窗口内的图形与输出各种成果表的功能。

(6)数据转换：应具有开放式的数据交换格式，应能将数据转换到不同平台开发的管线信息管理系统中。

(7)扩展性能良好。

4.1.3　工作流程

数据处理与图形编绘工作流程如图 4－1 所示。

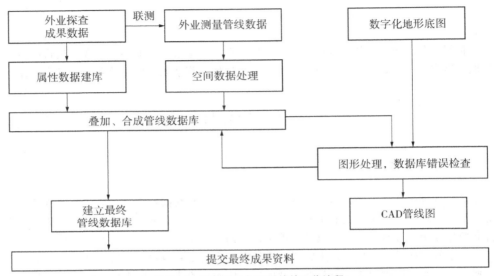

图 4－1　数据处理与图形编绘工作流程

4.2　管线数据库的建立

地下管线探测获取的数据包括属性数据和空间数据（图形数据）两部分。属性数据一般由物探工序获取，空间属性一般由测量工序获取。建立管线数据库就是利用外业获取的管线属性数据和空间数据，通过人工录入或计算机导入等方式建立数据文件的过程。数据库的结构和文件格式应满足地下管线信息管理系统的要求，便于查询、检索和应用。

管线数据库是后续工作的基础，是内业工作的核心。各种管线图和成果表都由数据库生成，因此建立数据库既是非常重要的工作，也是一项非常繁重的工作，更是普查工作成败的关键，必须认真对待。

建立管线数据库一般分两步进行：管线点测量工作完成前，先由数据处理人员将"地下管线探查记录表"中的信息录入计算机，完成数据库中的属性数据部分录入；管线点测量工作完成后，将管线点坐标追加（合并）到数据库中，形成完整的管线数据库。数据库一般采用流行的 Access 的"＊.mdb"格式或"＊.dbf"格式。

4.2.1　属性数据库的建立

属性数据主要指管线的权属单位、管线点编号、管线类别(性质)、材质、规格(直径或断面尺寸)、埋深、载体特征、电缆条数、孔数(总数和已占用)、附属设施、管线的埋设时间等。根据用途和要求不同,不同城市对属性数据的要求也不同。

建立属性数据库就是利用专业的建库软件,把物探外业调查的各种属性数据录入计算机,形成探查数据文件。

建立管线数据库文件要利用物探外业工作图(工作草图)和地下管线探查记录表(探测手簿),采用专门的数据建库软件,依据界面提示内容逐项填写。建库工作工作量巨大,操作人员要仔细检查核对,防止数据录入错误,数据要及时存盘备份。

4.2.2　空间数据库的建立

空间数据指管线点的平面位置和高程,即管线点的三维坐标。空间数据库就是管线点坐标数据文件。

实际作业时,操作人员应利用通信软件将存储在全站仪上的管线点坐标传送到计算机,编辑形成测点文件。测点文件一般采用 3 种不同格式的数据汇入测区数据库表"测量库"中,分别为 TXT 文件格式(" * . txt")、DBF 文件格式(" * . dbf")、Access 文件格式(" * . mdb")。坐标数据格式一般为:

管线点号 1,X_1,Y_1,H_1

管线点号 2,X_2,Y_2,H_2

管线点号 3,X_3,Y_3,H_3

……

管线点号 n,X_n,Y_n,H_n

4.2.3　数据库的合并

属性数据库和管线点坐标数据库(空间数据库)的公共部分是管线点号(物探外业编号)。利用这一特点,用专业软件提供的数据合并功能将测量坐标自动追加(合并)到属性库中,把物探属性数据库与测量空间数据库按照管线点一一对应的原则合并成一个完整的管线数据库(" * . mdb"格式)。

4.2.4　数据库的检查与排错

在利用数据库成图之前,对数据进行一致性检查,并对发现的问题查找原因,进行改正。利用专业软件的查错功能,对数据库进行全面检查,检查数据库内部是否有连接关系错误、管径矛盾、代码错误、格式错误、管线点距超长、相互矛盾、空项、坐标缺失等，若有则进行改正，排除数据错误。

查错程序可自动生成错误信息表，作业员根据信息表及时地对数据进行核查，修正错误，为生成管线图做准备。

4.3 管线图的编绘

地下管线数据处理与编绘成图是一项烦琐而复杂的工作，涉及物探、测量和计算机等方面的知识。地下管线数据库具有数据量大、属性内容多等特点。

在地下管线探测工作中，经过物探和测量外业工序对地下管线进行前端数据采集，转入内业工序分别对地下管线的空间数据和属性数据进行建库，通过计算机程序自动检查合格后，将空间数据库和属性数据库进行合并，生成地下管线数据总库，并对数据进行处理。

数据处理包括对地下管线数据的输入、编辑和修改，元数据和管线图形文件的自动生成等。地下管线元数据生成应能从图形文件和数据库中部分自动获取，并可编辑、查询及统计。数据处理后的成果应具有准确性、一致性和通用性。

在地下管线数据处理工作完成并经检查合格的基础上，利用专门的成图软件，由数据库直接形成管线图形，并进行地下管线图的编绘工作。

4.3.1 编绘工作的内容

编绘工作应包括比例尺的选定、数字化地形图的导入、注记编辑、成果输出等。

比例尺的选定应与作为背景图的城市地形图的比例尺一致，否则应进行地形图的缩放与编绘。

文字数字的注记与编辑应视管线图上的管线密集程度而定，可适当进行取舍。

成果输出全部由计算机自动生成。

4.3.2 地下管线图的分类

地下管线图分为综合地下管线图、专业地下管线图和地下管线断面图。在综合地下管线图中，对于地下管线特别密集的路口或重要地段，应单独制作地下管线放大图，放大图中的管线点号、路名、单位名称等均应按规程的要求重新注记。在专业地下管线图中，除进行重新注记外，还应标注专业管线的相关属性。

综合地下管线图和专业地下管线图的比例尺、图幅规格及分幅应与城市基本地形图一致。通常视具体情况而定，一般在主要城区采用 1∶500 比例尺，在城市建筑物和管线稀少的近郊采用 1∶500 或 1∶1000 比例尺，在城市外围地区采用 1∶1000 或 1∶2000 比例尺。

当地形图比例尺不能满足地下管线成图需要时，需要对现有地形图进行缩放和编绘。如果地形图是通过全野外数字采集而获得的，在放大 1 倍时，地物点精度不丢失，但文字注记、高程注记、个别独立地物等需要重新编辑；比例尺缩小时亦是如此。如果地形图是采用现有的数字化图或原图数字化的，其放大后的精度可能较低，不能满足地下管线成图的要求，应慎用。

4.3.3　地形图的利用

当前，作为背景图的基础地形图的采用还很不规范，受各地客观条件的限制。测绘基础较好的城市，地形图的数字化程度较高，地形图的精度也很高，能满足地下管线成图的各种要求；测绘基础稍差的城市，采用的地形图通常是将纸质图进行数字化而获得的，精度较低，使用时应先检查，确认其合格后方能使用。

（1）编绘用的地形底图应符合下列要求：①比例尺应与所绘地形底图的比例尺一致；②坐标、高程系统应与管线测量所用系统一致；③图上地物、地貌基本反映测区现状；④质量应符合现行的行业标准《城市测量规范》（CJJ/T 8—2011）的技术标准；⑤数字化管线图的数据格式应与数字化地形图的数据格式一致。

（2）数字化基础地形图的数据来源可以是现有的数字化图、原图数字化或数字化测图等。基础地形图在使用前应进行质量检查，当不符合《城市地下管线探测技术规程》（CJJ 61—2017）规定要求时，应按现行行业标准《城市测量规范》（CJJ/T 8—2011）进行实测或修测。

（3）数字化基础地形图的要素分类与代码宜按现行国家标准《基础地理信息要素数据字典　第 1 部分：1∶500　1∶1000　1∶2000 比例尺》（GB/T 20258.1—2019）的要求实施。

（4）展绘管线使用的数据或数字化管线图的数据，宜采用地下管线探测采集的数据或竣工测量的数据。

（5）在编辑地下管线图的过程中，应删去基础地形图中与实测地下管线重合或矛盾的管线建（构）筑物。

4.3.4　综合地下管线图的编绘

（1）综合地下管线图的编绘应遵循分层管理的方式，主要分地形层和管线层两大类。但具体到每一项工程中，则要视当地的具体要求而确定对应的地形、管线图层。

A. 在地形层中，又分为控制点、居民地、道路、水系、植被、独立地物、文字注记等图层。

B. 在管线层中，按专业可分为给水、排水、燃气、电力、电信、热力、工业等图层。也可按权属单位进行分层，各权属单位管线层又按各注记分层，各种专业管线的线放在“＊L”层，管线点、窨井等点符号放在“＊P”层，图上标注放在“＊T”层，扯旗放在“CQ”层，双线沟（箱涵）的边线放在“＊B”层，具体参照《城市地下管线探测技术规程》（CJJ 61—2017）的要求。

(2)综合地下管线图的编绘宜包括以下内容：

A. 各专业管线。各专业管线在综合图上应按照规程规定的代号、色别及图例，用不同符号和着色符号表示。

B. 管线上的建(构)筑物。包括给水管线中的泵房、储水池等，电力管线中的变压器、路灯等，电信管线中的电信箱、路边电话亭等。

C. 地面建(构)筑物。作为地下管线图的背景图，地形层中应对能够反映地形现状的地面建(构)筑物进行表示，以作为管线相对位置的参照。

D. 铁路、道路、河流、桥梁。

E. 其他主要地形特征。

(3)编绘前应取得以下资料：测区基础地形图或数字化基础地形图；综合管线图路面要注记铺装材料，草地植被符号配置采用整列式表示，对草地中散树采用相应式表示；数据处理完成并经检查合格的地下管线探测或竣工测量管线图形和注记文件。

(4)综合地下管线图中各管线的颜色规定。各专业管线在综合管线图上宜按《城市地下管线探测技术规程》(CJJ 61—2017)规定的代号、色别及图例，用不同符号和着色符号表示。

(5)当管线上下重叠或相距较近且不能按比例绘制时，应在图内以扯旗的方式说明。扯旗线应垂直管线走向，扯旗内容应放在图内空白处或图面负载较小处。扯旗说明的方式、字体及大小宜符合《城市地下管线探测技术规程》(CJJ 61—2017)规定的要求。

(6)综合管线图上注记应符合下列要求：

A. 图上应注记管线点的编号。管线图上的各种注记、说明不能重叠或压盖管线。地下管线点图上编号在本图幅内应进行排序，不允许有重复点号，不足 2 位的，数字前加 0 补足 2 位。

B. 各种管道应注明管线的类别代号、管线的材质、规格、管径等。

C. 电力电缆应注明管线的代号、电压。沟埋或管埋时，应加注管线规格。

D. 电信电缆应注明管线的代号、管块规格和孔数。直埋电缆注明管线代号和根数。电信管线又细分为移动、联通、铁通、网通、交警信号等子类，因此在标注时应将其分别标注。

E. 注记字体大小为 2 mm×2 mm。

(7)在综合地下管线图中，对于地下管线特别密集的路口或重要地段，因图上点号太密，点号移动之后，可能无法找到对应的点位，因此应单独制作地下管线局部放大图，放大图中管线点号、路名、单位名称等均应按规程的要求重新注记。

(8)剖面方位与注记应严格遵照地形图图式、字序规范绘制。

4.3.5 专业地下管线图的编绘

(1)专业地下管线图的编绘宜以一种专业管线或相近专业管线组合一张图，也可按照权属单位来分。

(2)专业地下管线图应根据专业管线图形数据文件与城市基础地形图形文件，采用软件进行叠加、编辑成图。

（3）专业地下管线图上应绘出与管线有关的建（构）筑物、地物、地形和附属设施。专业地下管线图编绘应增加有关属性注记内容，注记形式沿管线走向注记（注记压盖建筑物、管线及其附属设施符号的，可适当旋转角度），对地形变化点必须加注高程。

A. 给水。窨井中的阀门以阀门表示，窨井中阀门与水表在一起用水表表示，给水管径小于 100 mm 的给水管线不测，但窨井必须按地物表示。

B. 燃气管线。阀门井用阀门符号表示，管线经过的井盖用管线点符号表示，余下井盖用地物窨井符号表示。

C. 电力管线。预留管沟（无线）测出中心位置，以虚线连接（供电颜色）扯旗注"空沟"，专业图上注"空沟"。供电杆边有供电线上杆时，供电杆用地物表示，杆位表示上杆位置，用管线点符号加箭头表示上杆。

D. 通信管线。管块不标孔数，权属单位不同、紧挨着的管块施测时用一条管线处理，测量结果标示于"附属物"一栏中。预埋管块（无线）测出窨井，并以虚线表示（用通信颜色）。通信杆边有通信线路上杆时，通信杆用地物表示，杆位表示上杆位置，用管线点符号加箭头表示上杆。

E. 管线终止用规定图例预留口表示。排水起始、终止井用排水窨井加半圆表示，开口方向为流向。管线进入非普查区的去向用虚线（实部 2 mm，虚部 1 mm）表示，长度为 8 mm。管线属于探测范围的用变径符号，不列入探测范围的用终止符号。

F. 管沟。按比例以虚线绘出边线，井盖不在中心的用地物表示，沟内注记"综合管沟"（用黑颜色），线条按黑色，管线点标在沟中心线上，但图面上不连接。

（4）专业地下管线图上注记应符合下列要求：

A. 图上应注记管线点的编号。

B. 各种管道应注明管线的类别代号、管线规格、材料和管径等。

C. 电力电缆应注明管线的代号、电压和电缆根数。沟埋或管埋时，应加注管线规格。

D. 通信电缆应注明管线的代号、管块规格和孔数。直埋电缆应注明管线代号和根数。

E. 管线图上的各种注记、说明不能重叠或压盖管线。

4.3.6　地下管线断面图的编绘

地下管线断面图通常分为地下管线纵断面图和地下管线横断面图，一般只要求做出地下管线横断面图即可。

（1）管线断面图应根据断面测量的成果资料编绘。

（2）管线断面图比例尺的选定应按图上不做取舍和位移能清楚表示内容为原则，图上应标注纵横比例尺。管线断面图的比例尺宜按表 4-1 的规定选用，纵断面的水平比例尺应与相应的管线图一致；横断面的水平比例尺宜与高程比例尺一致；同一工程各纵、横断面图的比例尺应一致。

表 4－1　断面图比例尺

类别	纵断面图		横断面图	
水平比例尺	1：500	1：1000	1：50	1：100
垂直比例尺	1：50	1：100	1：50	1：100

（3）管线断面图应表示的内容包括断面号、地形变化、各种管线的位置及相对关系、管线高程、管线规格、管线点水平间距等。纵断面图应绘出地面线、管线、窨井与断面相交的管线及地上地下建（构）筑物；标出各测点的里程桩号、地面高、管顶或管底高、管线点间距、转折点的交角等。横断面图应绘出地面线、地面高、管线与断面相交的地上地下建（构）筑物；标出测点间水平距离、地面和管顶或管底高程、管线规格等。

（4）管线断面图的编号应采用城市基本地形图图幅号加罗马文顺序号表示。横断面图的编号宜用"A－A'""Ⅰ－Ⅰ'""1－1'"等表示；测绘纵断面图的工程，横断面编号应用里程桩号表示。

（5）管线断面图的各种管线应以 2.5 mm 为直径的空心圆表示，直埋电力、电信电缆以 1 mm 的实心圆表示，小于 1 m×1 m 的管沟、方沟以 3 mm×3 mm 的正方形表示；大于 1 m×1 m 的管沟、方沟按实际比例表示。

4.4　地下管线成果表的编制

地下管线成果表的编制，通常是由计算机自动生成并编制完成的。根据具体要求又可分为地下管线成果表、地下管线点成果表，也可以形成一个总的成果表。地下管线成果表的编制应遵循以下原则：

（1）地下管线成果表应依据绘图数据文件及地下管线的探测成果编制，其管线点号应与图上点号一致。

（2）地下管线成果表的编制内容及格式应按规程的要求编制。

（3）编制成果表时，对各种窨井坐标只标注井中心点坐标，但对井内各个方向的管线情况应按现行《城市地下管线探测技术规程》（CJJ 61—2017）的有关要求填写清楚，并应在备注栏以邻近管线点号说明方向。

（4）成果表应以城市基本地形图图幅为单位，分专业进行整理编制，并装订成册。每一图幅各专业管线成果的装订顺序应按下列顺序执行：给水、排水、燃气、电力、热力、通信（电信、网通、移动、联通、铁通、军用、有线电视、电通、通信传输局）、综合管沟。成果表装订成册后应在封面标注图幅号并编写制表说明。

（5）地下管线成果表文件分为管线点成果表文件（"＊.xls"格式）、管线数据库文件（"＊.mdb"格式）和管线图形文件（"＊.dwg"格式）。

4.5　地下管线数据处理软件实例

可按实际情况和需要选择地下管线数据处理所采用的软件。目前，数据处理软件通常是由地下管线探测单位自行编写，是在通用的软件开发平台上进行二次开发的，如 AutoCAD、中望 CAD 等。本节将介绍广东工贸职业技术学院科研团队开发的管线勘测数据处理系统。

4.5.1　数据处理软件通用功能

数据处理软件通常具有以下功能：

（1）便捷的物探数据录入。软件应具有将不同格式的数据输入或导入计算机的功能，当前较常用的数据格式为"＊.mdb"格式。

A. 物探库过渡录入方式：录入界面和外业记录表格格式一致，方便直观，便于前期大批外业数据的录入、查错和修改。

B. 直接分离点线录入方式：将物探数据直接分离为点记录和线记录，便于管线内业数据的后期处理和修改。

（2）面的数据查错。该功能应能对进入数据库中的数据进行常规错误检查，可自定义数据查错的种类和方式；还具有全新错误记录定位功能，只需双击错误提示行（错误输出窗口中），即可自动跳转定位到对应错误记录，以便于改正。

（3）快速的管线数据处理。该功能利用改进的管线成图算法缩短管线成图时间，适合对大批量数据进行处理。软件应能根据已有的数据库自动生成管线图形、注记和管线点、线属性数据库。

A. 图库联动：可直接对数据库进行查询修改；用户对数据库的修改可直接反馈到管线图形中，自动更新图形中的有关的符号、注记等相关属性。

B. 管线成图自定义：可自定义管线成图的"图层设置""字体设置""线型设置""注记设置""图廓设置""扯旗设置"等设置。

（4）强大的图形编辑功能。

A. 图上点号注记：可以自动注记，也可以手工注记。一般应遵循一定顺序或规定的原则。还应具有点号寻找功能，即通过图上点号或外业点号在图面上定位。

B. 可对管线图按任意区域进行裁减或拼接，也可按照标准分幅原则进行管线分幅。标准分幅时，可以分出单个图幅，也可以分出多个图幅，其中的图幅号调用是数据库的"图幅信息"表中的内容。任意裁减或拼接管线图或标准分幅管线图均应具有自动切边功能，并自动整饰图幅。

C. 管线加点：在线上加管线点，自动把所加的点追加到数据库点表中，并修改线表中相关线段的连向。本模块适用于管线点间距超长的情况。其所绘制的管线点只有坐标和物探点号属性，其他属性可利用"属性复制"配合"属性查询与修改"模块来完成属性录入。所绘制的管线点高程可能是错误的，因此一定要在图中确认修改。

D. 属性查询与修改：通过起始点号和终止点号读取数据库相应线表的属性，可以修改各项内容，同时修改数据库。在屏幕上选取管线点，就可以查询到点的属性，如果修改了特征和附属物，图形的管线点符号也会随之改变。

E. 属性复制：把同类实体之间的属性复制。

F. 管线的标注。

a. 专业管线标注：分自动标注和手工标注。

b. 管线扯旗：对综合图应自动进行扯旗标注。

c. 插入排水流向：根据数据库内数据，自动插入排水流向符。

G. 长度统计：统计管线的三维长度，并进行报表输出。

H. 图廓整饰：通过点取图幅内的点，自动插入图框，并注记四角坐标和图幅号。

I. 生成图幅信息：可以从屏幕点取测区范围，也可以手工输入测区范围。自动生成图幅信息，同时在图幅内画出结合表。

J. 旋转雨水篦：通常自动生成的排水管线中的雨水篦的方向是东西向的，与道路走向不一致，因此要对其进行旋转。

（5）成果输出。软件具有绘制任意多边形窗口内的图形与输出各种成果表的功能。

（6）数据转换。软件具有开放式的数据交换格式，能将数据转换到管线信息系统中。

4.5.2 地下管线勘测数据处理系统简介

管线勘测数据处理系统由广东工贸职业技术学院科研团队结合生产实际需要研发。该系统选择微软 Windows 7 以上版本为系统平台，在通用图形软件 AutoCAD 2008 以上版本（同时也在中望 CAD2013 以上版本）操作平台上，采用 VB. NET 2008 版软件开发工具结合 ObjectARX 托管类进行二次开发，是近几年最新的技术，融合了 VBA 易于开发和 ObjectARX 功能强大的优点，并具有很好的兼容性。

该系统能满足地下管线探测生产需要，具备外业数据入库、数据查错及自动成图等一体化功能，从根本上解决图形与数据库联动问题，具有明晰统一的操作界面，增强了数据与图形处理的自动化程度。

（1）系统总体界面和整体结构。

系统功能主要划分为十大板块，分别为系统设置、工程管理、批量成图、管线编图、测量处理、数据处理、质量检查、断面分析、数据转换和系统帮助。具体功能包括管线数据的录入、管线的成图（生成线段、符号及注记）、属性的查询与修改、输出外部数据（MDB 数据库、成果表）、数据查错，图库联动功能。

管线勘测数据处理系统总体界面和整体结构分别如图 4-2 和图 4-3 所示。

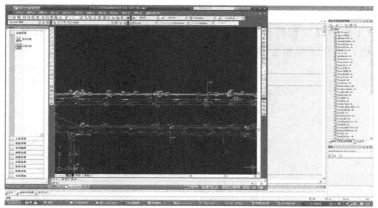

图 4-2　管线勘测数据处理系统主界面

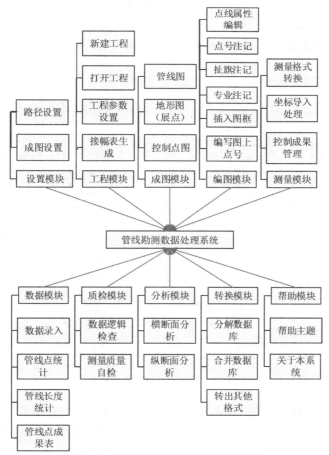

图 4-3　管线勘测数据处理系统总体结构

（2）系统主要功能。

A. 管线工程的建立和管理。功能模块以工程管理的方式对管线数据库进行管理，提供新建工程、打开工程和工程参数设置等功能（图4-4）。

图4-4 工程管理功能界面

B. 探测数据、属性数据的录入与编辑。功能模块采用界面输入的方式将物探外业数据输入管线工程数据库，为管线成图打好基础（图4-5）。

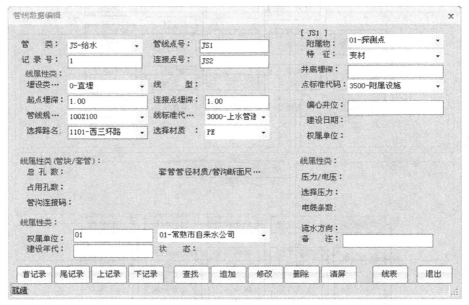

图4-5 管线数据编辑功能界面

C. 测量数据处理。测量模块提供了一系列的测量数据处理功能，包括测量全站仪传输、测量格式转换、坐标导入处理、控制成果管理、极坐标计算和图幅号计算等功能（图4-6）。

图 4-6 测量数据处理菜单界面

D. 成果数据自动成图及一系列的编图功能(图 4-7)。

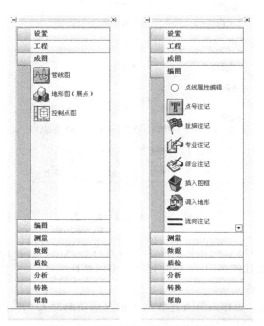

图 4-7 自动成图与编图功能界面

E. 通过图形点线属性的查询与修改（图4-8和图4-9），实现数据库和图形联动。

图4-8　点查询功能界面

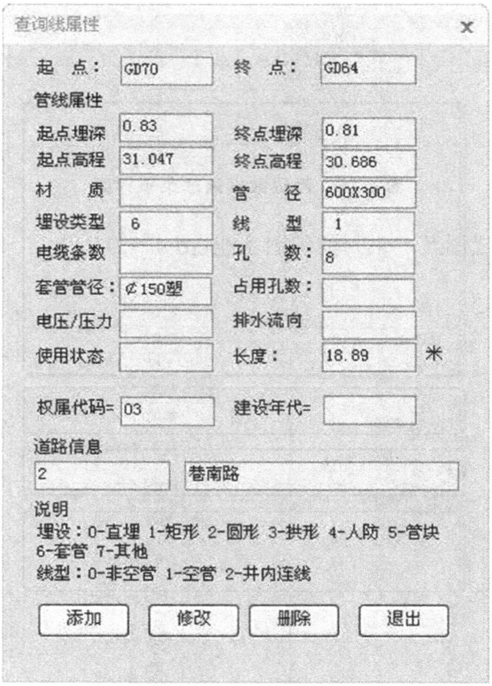

图4-9　线查询功能界面

　　系统提供相应的修改、编辑功能，主要有管线和管点的修改处理（各种点线属性的修改）、删除处理和追回处理。

　　F. 数据逻辑查错功能（图4-10）。

　　a. 数据逻辑查错。工作人员通过数据逻辑查错功能对入库的管线数据进行一系列系统全面的检查，以保证数据的正确性。在数据处理的第一步中就需要对数据格式、数据内容

图4-10　数据质量检查菜单

进行检查，以保证各个数据文件(包括数据库、管线编码文件)的正确性，确保整个数据入库工作的顺利进行。主要检查内容如下：

➢ 数据库结构是否正确，包括字段名、字段类型等。

➢ 数据库中每条记录是否完整：①每条记录必须注记图上点号、测量点号、物探点号、特征(多通、拐点等)、附属物(阀门、窨井等)、地面高程、埋深、权属单位、符号编码；②除了空管、空沟，每条记录必须注记埋设年代；③除了空管、空沟，每条记录必须注记管材；④除了空管、空沟，电力管记录必须注记电压，电压值以 kV 为单位；⑤除了管沟、空管、空沟、接线箱、手孔、直埋、上杆、出地、进墙，电信管记录必须在备注栏注记孔数；⑥除了上杆、出地、进墙、直埋、接线箱、消防栓、上杆，每条记录必须注记管径；⑦排水管记录必须注记管底高程，其他类管记录必须注记管顶高程；⑧以上所说的是非图边点记录；图边点只需注记测量点号、x 坐标、y 坐标。

➢ 数据库中每项记录是否正确：① x 坐标值、y 坐标值是否在图幅内；②断面尺寸格式是否正确；③管线编码文件中的点编码与数据库中记录的附属物或特征值是否一致；④如果是变径点，是否在备注栏中注记"变径"；⑤根据编码文件中的连接关系，判断数据库中相邻管线管径是否一致；⑥根据编码文件中的连接关系，判断数据库中相邻管线记录中的连接方向字段内容是否一致。

b. 用户界面。全面的点表、线表检查项目能最大限度地保证成果数据的正确性，并能展示错误信息浏览窗口及数据浏览窗口(图4-11 和图 4-12)。

G. 断面图分析功能。断面图分析模块提供了横断面和纵断面分析功能(图 4-13)。该功能提供任意地点(包括交叉口)的横(斜)断面图，图 4-13 中详细标注管线的断面尺寸、材料、高程、管线间距等属性。

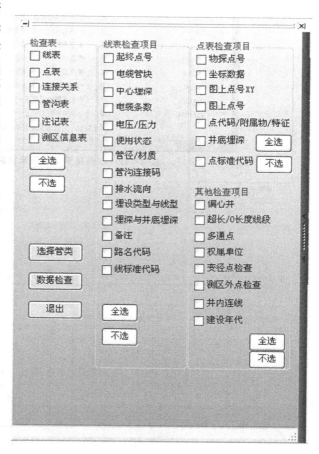

图 4-11　检查项目设置功能界面

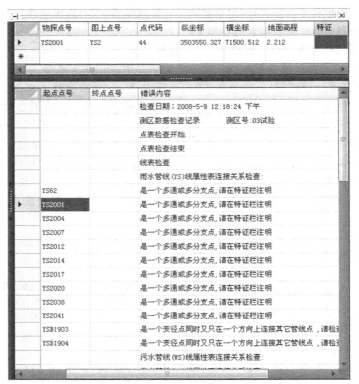

图 4-12　检查结果信息显示功能界面

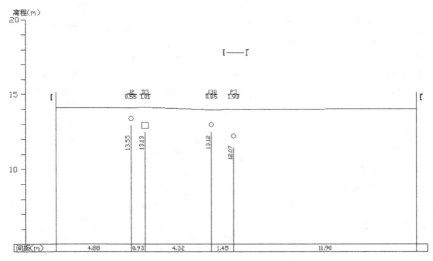

纵向比例尺　　1:100　　　　　　　横向比例尺　　1:100

图幅号：　52-38-20(6)

图 4-13　断面分析结果显示界面

H. 管线点统计、管线长度统计等统计功能(图 4 - 14)。

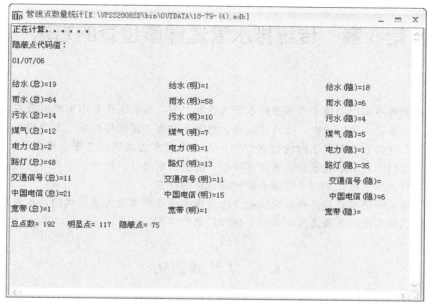

图 4 - 14　管线点统计功能界面

I. 分解数据库、合并数据库和格式转换等功能(图 4 - 15)。

图 4 - 15　管线数据转换功能菜单

a. 系统可以根据点号、组号或图幅号对数据库进行分解。

b. 对多个数据库进行合并。

c. 转换出不同需求的数据库格式。

第5章 传统排水管道健康检查的方法

在视频和声呐检测技术未用于排水管道检测之前，检查工作基本采取人员在地面巡视检查、人员进入管内检查、反光镜检查、量泥斗检查、量泥杆检查、潜水检查等简单检查方法，这些方法都属于传统检查方法。传统检查方法虽然存在安全程度低、粗糙、不准确及对检测人员职业素质要求高等问题，但它具有经济、快捷、方便等特点，至今还被排水行业所采用，常用于管道养护时的日常性检查。

用于排水管道检查的各种传统试验方法是视频等检测方法无法替代的，一直沿用至今。这些试验方法经过改进后，得到了更加广泛的应用。

5.1 人工观测法

人工观测是指通过人眼观察的方法来查看排水管道外部与内部的状况，可以分为地面巡视、开井目测与人员进入管道内目测。该类方法由于受检查人员自身职业技术素质的制约，检查结果往往带有一定的主观判断性，必要时需要借助CCTV或声呐等技术手段对管道进行进一步的检测。目测人员必须具备必要的管道检查判读知识和经验，熟练掌握各种病害的表象。对病害的描述做到既能定性又能定量，并且应在检查现场做好记录。

5.1.1 地面巡视

地面巡视是专业检查人员在路面通过观察管渠、检查井、井盖、雨水篦和雨水口周围的表象来判断设施的完好程度及水流畅通情况。地面巡视主要内容包括：①管道上方路面沉降、裂缝和积水情况；②管道和附属设施上方的违章占压；③雨水篦子杂物遮蔽；④检查井冒溢和雨水口积水情况；⑤井盖、盖框、雨水篦子、单向阀等完好程度；⑥检查井和雨水口周围的异味；⑦冰雪直接进入管道；⑧市民投诉及其他异常情况。

巡视人员一般采取步行或骑自行车等慢行形式沿管线逐个检查井查看，晚间巡查可乘车进行。在正式实地巡视前，做好巡视计划，其内容包括位置、时间、路线等，准备好要巡视区域的排水管线图。在巡视的过程中根据要求填写巡视过程记录表，清楚记录巡视过程中发现的各种问题。

（1）路面设施巡查。

路面巡查工作常分为以下三类：

A. 日常巡查：排水管道正常运行时，排水管道及其附属设施的正常巡查。由养护单位指定相关专业人员进行巡查,每周不少于 1 次,必要时养护单位可组织技术人员,进行比较全面的检查。

B. 年度巡查:每年对管道、检查井、污水处理等各种设施进行一次全面的、详细的专项检查。

C. 特别巡查:当排水管道遇到严重影响安全运行的情况(如发生大暴雨、大洪水强热带风暴、有感地震、水位突变等)、发生较严重的破坏现象或出现其他危险迹象时的巡查。养护单位组织技术人员进行特别巡查,必要时组织有关专家同行。

路面设施巡查是日常性工作,每天都得进行。一般实行分片分级管理体制,即责任分片,路段分级,设定巡查路线,确定巡查人员。路面巡查人员负责对辖区内排水管道及附属设施进行巡查,及时发现并报告有影响排水设施正常运行的行为和现象,并处理有关投诉。

巡查工作最好把信息技术、通信技术、移动互联网及卫星导航技术作为支撑。在一个城市的排水管理部门或一个片区排水管网养护单位,建立巡查系统管理中心,构建 GPS 管网管理中心巡查系统(图 5 - 1)是非常必要的。以此作为监控平台,通过巡查人员手持或车载终端(又称为 GPS 巡视器)可以对人员行进和车辆行驶状况实时监控及移动轨迹回放,还可通过移动互联网实现巡查人员与管理中心的语音通话,便于下达指令、报告紧急事件和工作调度。该系统还具有巡查工作量统计和分析功能,为实现巡查工作量化考核提供依据。

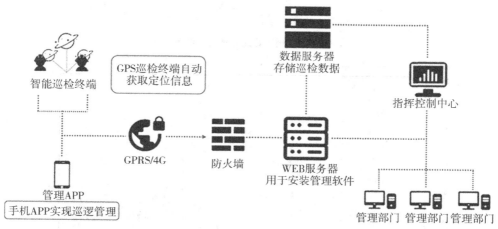

图 5 - 1　巡查管理系统示意

建立一套自己的巡视管理系统需要相当多的人力、财力、物力的投入,不是每个城市或单位都负担得起。一些从事排水管网软件开发和服务的公司,针对管网巡查现状及实际需求提供云平台工作模式,省去了自己独自建立系统以及运行维护所产生的费用,以很少的使用费成本来实现自动化监管,提高巡检工作效率和质量。它能基于人们常用的公开手机地图进行管理定位,手机端支持在线与离线模式切换,网页端支持发现问题及时提醒,同时支持网页端进行消息推送。

（2）管道空间位置校核和测量。

我国大多数城市地下管线实施了普查工作，同时建立了地下管线信息管理系统（图5-2），排水管线作为城市地下管线的一类，是地下综合管线数据库中的重要部分。在城市地下综合管线系统中，排水管线只包含空间位置、管径和材质等最基本属性（图5-3），是不能满足排水专业部门需求的。为了改变这一现状，有条件的城市排水管理部门在已有管线数据的基础上，添加了与排水有关的全部数据，并委托软件公司专门开发排水地理系统（简称排水GIS）。

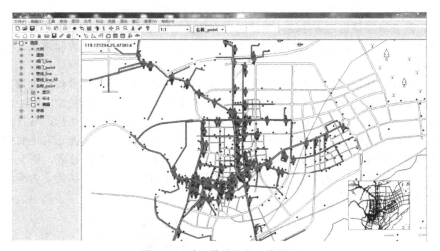

图 5-2 地下管线信息系统界面

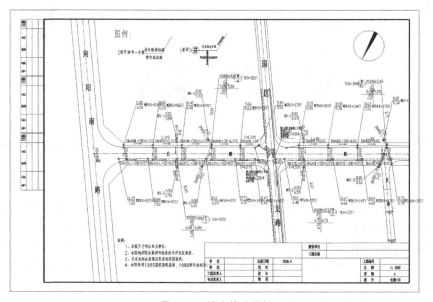

图 5-3 排水管线图例

这些数据和管线图为巡查工作的顺利开展提供了最基础的资料，但这些资料都存在不同程度的差错，集中表现在：①检查井位置偏差较大；②井盖属性和规格错误；③管径错误；④埋深及管底高程不正确；⑤倒坡和流向错误。前两类错误是在巡视中可能被发现的。将排水检查井和路面其他市政设施（如路缘石、花台、其他管线检查井盖）的相关位置或距离和已有管线图进行比对，将现场观测到的井盖属性（标注"雨"或"污"等）及井盖尺寸或形状与现有排水数据库的信息比对，发现错误及时报告，之后由专业人员重新测绘调查修改。

（3）施工现场管理。

施工现场包括施工区、办公区和生活区。对施工现场的实地检查主要包括以下方面：①排水许可证；②施工区采取排水措施，有沉淀池，无直排泥浆水、消除黑臭水；③施工区周边检查井、雨水口不冒溢；④食堂按规定设置隔油池，并及时清理；⑤施工生产现场和办公生活区域的厕所均应建化粪池，化粪池符合要求并及时清理；⑥设置车辆轮胎清洗沉淀池。

以上内容中，检查施工区泥浆偷排乱倒是最重要的项目，因为泥浆偷排乱倒会直接造成管渠淤积和水体污染。相关法规条例都对废弃泥浆的处理做出了相应规定，但废弃泥浆乱排的现象依然屡有发生。分析出现该现象的原因，主要为：①废弃泥浆外运费用昂贵，全部外运需要的费用不菲；②施工单位和运输单位受利益驱使，在生产和运输过程中将泥浆偷排以减少处理费用；③专门的泥浆处置场所数量少；④相关管理部门对施工工程的日常管理力度不够，出现污染事故后才追究责任；⑤目前尚未有适合现场使用且费用较低的废弃泥浆现场处理技术。

正常情况下，建筑工地应设置排水沟及沉淀池，含有泥浆的污水必须经沉淀池沉淀后方可排出或通过密闭容器运输至指定地点，施工单位应对污水排放设施定期清理维护，确保设施正常使用且排水管网畅通。严禁泥浆水排入污水管网和河道。建设和施工单位在工程建设中凡需向市政排水设施排水的，在施工前，应当严格依法向当地排水部门申请办理排水许可手续，排污管网及设施按照城市市政排水管理有关规定设置，实施雨水、污水分流。

在施工工地的检查方面，一般每天进行不少于 1 次的不定时检查，检查时检查人员必须携带数码相机摄像机或管道潜望镜等调查取证设备，以便今后处理或备查。

5.1.2　人员进管观测

在确保安全的情况下，大型管道或特大型管道可以在断水或降低水位后采用人员进入管道的方法进行检查。进入管内检查具有最高的可信度。为了避免仅凭记忆造成的信息遗漏，同时也便于资料的分析与保存，人员进入管内检查应采用电视录像或摄影的方式。根据《城镇排水管道维护安全技术规程》（CJJ 6—2009）中相关规定，人员进入管内检查的管道，其管径不得小于 0.8 m，流速不得大于 0.5 m/s，水深不得大于 0.5 m，充满度不得大于 50%，其中只要有一个条件不具备，检查人员就不能进入管道。下井前必须按步骤进行有毒有害气体检测和防毒面具安全检查，填写下井作业票。在检测过程中，检测人员腰间系安全绳，这起着与地面人员保持连接且互动信号联系的作用，有助于出现突发事件时抢救遇险人员。安全绳还起着测量距离作用，能对缺陷等状况实施有效的定位。检测人员从进入检查井起，连续工作时间不能超过 1 h。受管径因素的影响，人工进管只能检测管径比较大的管道，管径较小的管道则无法用人工进管的方法进行检测。另外，由于管道内部空间狭小，人工检测的效率相对较低。

进入管道内目测人员必须持有国家安全生产监督管理部门颁发的有毒有害有限空间作业证书(图 5-4)，具备必要的管道检查判读知识和经验，熟练掌握各种病害的表象；对病害的描述做到既要定性又要定量；在检查现场应与地面人员配合做好记录。

图 5-4　特种作业操作证样式

(1)进管检测作业流程(图 5-5)。

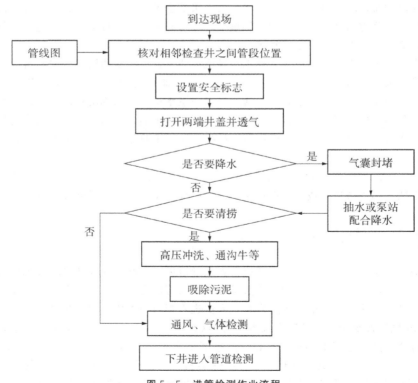

图 5-5　进管检测作业流程

管道和检查井里面的空气和水环境是人员能否进行管内检测的前提条件，因此，在人员进管前，正确判断管内情况显得十分重要。在我国很多地区，大型管流量较大，特别是污水主干管；而雨水管由于地下水等外来水的渗入，保持常态化的高水位。这些状况都限制了人员进入管道的可能，如何断水或降低水位，达到人员能进入管道的必要条件，是必须要解决的问题。选择低水位或降低水位的方法一般有：

A. 选择低水位时间：如居民用水最少时间段、连续旱天、无潮水时等。

B. 泵站配合：上游泵站全部停止或部分台组停止运行，下游泵站开足马力抽吸管内的水。

C. 封堵抽空：先上下游用橡胶气囊封堵，后抽空管内的水。

运行中的管道难免淤积，若不影响检查人员在管中行走，则可不进行清淤作业；若管道淤积较多可能使人员行走困难，则必须采取"通沟牛"牵拉或高压水冲洗等方法除掉淤泥，使人员能走得过、走得通、走得顺。

在确保安全的情况下，为减少体力消耗，人员进入大型管道宜从上游往下游走，行走速度不宜过快。目视的同时，可用四肢触碰管体，进一步掌握缺陷的深度和广度。

（2）装备和工具。

进入检查井和管道进行检测作业，不同于在地面巡视，保证检测人员的人身安全要摆在第一位。主要内容是防止有毒有害可燃性气体及管道内水流变化危及生命，因此防范措施要万无一失。主要装备和工具有：

A. 鼓风机：一般有管式（图 5-6）和叶片式（图 5-7）。前者效果较好，但价格较贵，携带很不方便；后者价格便宜，重量较轻，为我国大多数施工者所使用。

图 5-6　管风式通风机

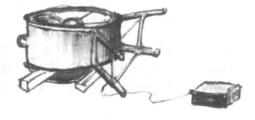

图 5-7　叶片式通风机

B. 有毒有害气体检测仪：目前市场上供应的用于有限空间的气体检测仪大部分适用于测定氧气、爆炸性气体、一氧化碳及硫化氢，常称为四合一气体检测仪。

C. 梯子或配备葫芦三脚架的人员升降工具或设备。

D. 头盔及头戴式电筒（图 5-8）。

E. 呼吸器：有过滤式和自给式两大类。过滤式呼吸器（图 5-9）一般只能过滤一些粉尘，对有毒有害气体不起作用，在排水管道内部环境中不宜使用。自给式空气呼吸器（图5-10）也叫作正压式空气呼吸器、空气呼吸器、消防空气呼吸器等。随着人们对安全的重视的提高，自给式空气呼吸器已经被广泛地应用到了下水道工作、化学抢险及部分密闭空间内的作业等环境。

图 5-8　头盔和电筒　　图 5-9　过滤式呼吸器　图 5-10　自给式呼吸器

F. 有距离标记的安全绳。安全绳要有足够的抗拉强度，每 1 m 做一个标记，能对人员和缺陷实现定位。

G. 相机或摄像机等影像记录设备。为了真实记录管道内的情况，检测人员一般应携带诸如数码相机、有相机功能的手机、便携式运动摄像机（图 5-11）和带摄像功能的头盔（图 5-12）等影像记载设备。

图 5-11　运动式摄像机　　　　图 5-12　摄像头盔

H. 探棒。探棒又名信标发射器，它能主动发射一定的频率的信号，检查人员手持它进入管道后，地面人员可利用金属管线探测仪的接收机实时定位探棒，这样可以掌握人员在管中的位置，若发现管道内的缺陷病害，亦可进行定位。其工作原理如图 5-13 所示。

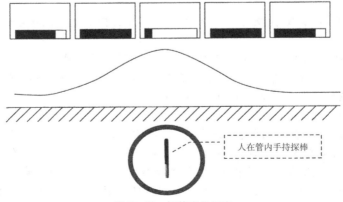

图 5-13　探棒定位示意

（3）进管检查内容。

在可视范围内，进入检查井和管道检查的项目可根据需求有选择地进行，一般包含以下内容：

A. 核实检查井内的管道连接关系，检查井形状和尺寸等与原有资料是否相符。

B. 观察检查井内在地面未看到的盲区，其结构完好形状和结垢情况。

C. 管道接口和检查井管壁连接处连接情况及渗水情况。

D. 管道结构形状。

E. 管道外来水渗入情况。

F. 非此管道的其他异物情况。

G. 管壁磨损情况。

H. 量测缺陷范围和所在环向和纵向位置。

人工进管检测具有较高的可行度，但成本和危险度也较高，对管道正常运行的影响较大。人员进入管内检查可采用摄影的方式进行记录，避免仅凭记忆可能造成的信息遗漏，同时也便于资料的分析和保存。

5.2　简易器具法

多年来，排水行业工作者发挥聪明才智，为了解决地下排水管道不能进入或不易进入的难题，发明了各式各样的检测工具，以便帮助人掌握管道和检查井内部情况。借助各种简易工具来实现对管道内部情况检查的方法，统称为简易器具法。常用的检查工具有竹片、钢带、反光镜、"Z"字形量泥斗、直杆形量泥杆、通沟球（环）、激光笔等。各种简易器具的适用范围见表 5-1。

表 5-1　简易器具检查种类以及适用范围

简易器具	适用范围				
	中小型管道	大型以上管道	倒虹管	蛇形管	检查井
竹片或钢带	适用	不适用	适用	部分适用	不适用
反光镜	适用	适用	不适用	部分适用	适用
"Z"字形量泥斗	管口适用	管口适用	适用	管口适用	适用
直杆形量泥杆	不适用	不适用	不适用	不适用	适用
通沟牛	适用	不适用	适用	部分适用	不适用
检测球	适用	不适用	适用	部分适用	不适用
圆度芯轴器	不适用	适用	不适用	部分适用	不适用

以上几种工具都有各自的局限，只能用于特定目标的检测，当检测的结果能够被确认时，也可作为评估或整改的依据。

5.2.1 竹片和钢带

竹片(图 5 - 14)和钢带(图 5 - 15)是最古老的疏通工具,它主要解决中小型排水管道的堵塞问题,通过人工合力来回抽送竹片或钢带,以达到捅开淤塞物,让污水流通的目的。严格意义上讲,它们都不是检测工具。它们被用作检测时,只能查探是否堵塞及堵塞处在什么位置。有时,可通过竹片和钢带最前端的残留物来确定堵塞体为何物。在路面发生沉降现象时,可以判断管道是否存在变形或塌陷。

图 5 - 14　竹片　　　　　　　　　　　图 5 - 15　钢带

竹片采用毛竹材料,劈成条形状,长度一般为 5 m 左右,宽度为 5 cm 左右。这些竹片以一根根直立状态被运输到现场,再在现场用铁丝捆绑连接,达到所需要的长度。竹片运输麻烦,使用中回拖至地面会造成严重大面积污染,应该逐步被淘汰。但由于采用竹片疏通的方法经济实惠,操作简单,至今在我国不少城市中还被大量应用。

钢带的材质是硅锰弹簧钢,其制成品宽度规格一般为 25 mm、30 mm、40 mm,长度可任意选择,一般为 50 m。它不像竹片易腐烂,经久耐用,且具有强度高、弹性好、淬透性好的特点,收纳时可卷成盘卷状态,便于运输,且回收时也不会对地面造成大面积污染,比竹片更优越。

5.2.2 反光镜检测法

打开被检管段的两端井盖,让自然光照进管内。检查人员手持反光镜,并顺着检查井的垂直方向,缓缓放至管道口或检查井里合适的位置,直到观测人员透过反光镜能看到管内情景。检查员站在井口眼睛往下观察镜面,可通过镜面折射出管道内部的情况,即可间接看到管道内部的变形、坍塌、渗漏、树根侵入、淤泥等缺陷性情况。检测时应保持管内足够的自然光照度,宜在晴天进行。反光镜设备简单,成本低廉,但受光线影响较大,检测距离较短,一般用于检查支管、连管。反光镜由镜面和手持杆两部分组成,手持杆一般都能收缩,便于携带。反光镜的镜面形状有圆形和方形之分(图 5 - 16),我国实际工作中用到的反光镜大多是圆形。镜面材料有玻璃和不锈钢。在德国等发达国家，视频检测虽已非常普及，但反光镜作为简便而又实用的排水管道检查工具依旧在使用。

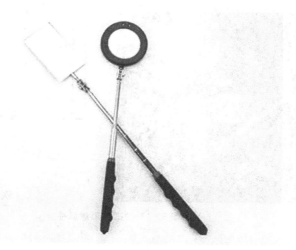

图 5 - 16　反光镜

一般满足下列条件方才能实施反光镜检测：

（1）同一管段相邻的检查井井盖打开后，管道内有较好的照度。在光线很好的晴天，检测效果最好。

（2）管内水位低，管口露出较多，最好露出达 2/3 以上。

（3）管道埋深较浅，反光镜杆（又名伸缩管）够长，镜面能放至管口附近。

（4）管内和检查井内无雾气。

5. 2. 3　量泥杆、量泥斗法

量泥杆实际上就是普通的直型杆，前端削尖。它可以是一般竹竿，也可以是普通金属杆，只要有足够长度，满足井深要求即可。检查人员打开检查井盖，持量泥杆尽力将其插入井底，直到插不动为止，然后迅速抽取至地面上，再量取残留在杆端的淤泥痕迹高度，这个高度即为检查井积泥的大概深度。量泥杆在井内水位不高或无水时，其量测的深度数据较准确些。

量泥斗法是通过检测管口或窨井内的淤泥和积沙厚度来判断管道排水功能是否正常的一种检测方法，一般适用于检查稀薄的污泥。量泥斗主要由操作手柄、小漏斗组成。量泥斗滤水口的孔径约为 3 mm，漏斗上口离管底的高度依次为 5 cm、7.5 cm、10 cm、12.5 cm、15 cm、17.5 cm、20 cm、22.5 cm 和 25 cm。量泥斗按照使用部分可以分为直杆形和"Z"字形，前者用于井积泥检测，后者用于管内积泥检测。"Z"字形量斗（图 5 - 17）的圆钢被弯折成"Z"字形，其上水平段伸入管内的长度约为 50 cm，使用时

漏斗时应保持水平。操作手柄一般由多节自由连接而成，可根据井深的大小，安装所需要的节数。

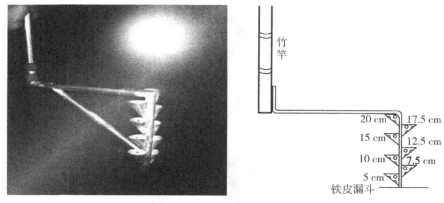

图 5-17　"Z"字形量泥斗

无论是量泥杆，还是量泥斗，在遇到下列情况时会失效：

(1)当有坚硬异物、水泥浆块等底部板结情况时，杆尖或斗头不能真正插至检查井或管道底部，此时测出来的积泥深度未必准确，只能供参考。

(2)当淤积深度超过 25 cm 时，量泥斗测深高度不够。

(3)离管口水平方向大于一定距离（一般为 50 cm）的管道内部的积泥深度是无法测量到的，测量范围很小，有很大的局限性。

(4)手柄长度不够，检查井过深，插不到底。

5.2.4　"通沟牛"法

"通沟牛"多用于管道疏通养护，但在检测设备较简陋的情况下，也可用来初步判断管道通畅程度及是否存在塌陷等严重的结构损坏。其主要设备包括绞车、滑轮架和刮泥器，绞车可分为手动和机动，如图 5-18 至图 5-20 所示。

图 5-18　绞车、滑轮架和刮泥器　　　　　图 5-19　机动绞车

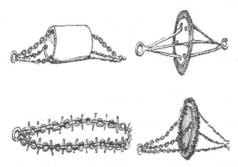

图 5‐20   "通沟牛"

用于管道疏通时，使用"通沟牛"在管道内来回移动，将淤泥清理至检查井，然后将淤泥捞出送至垃圾填埋场。用于检查管道时，通过更换不同尺寸的"通沟牛"在管道内来回移动的通畅程度来判断淤泥量、管道存在的变形程度或是否存在其他严重的结构缺陷。

5.2.5   检测球

检测球法是利用与管径相适应的金属网状球或橡胶球，在人力的牵引下，在管道内从一端移动到另一端，根据球的通过情况来判断管道断面损失情况。一般情况下，金属网状球不能检测出软性淤泥类的断面损失情况。检测用的橡胶球与管道清洗用的橡胶球相同，球面呈凹凸螺旋状(图 5‐21)。准确控制好橡胶球的充气程度，通过测量橡胶球的周长，使之与被检测管道的直径相一致。橡胶球可带水作业，在检测的同时，还可以利用水力冲洗管道。金属网状球一般用直径 10 mm 的钢筋按照球形经纬线的布局点焊而成，具体规格见表 5‐2。

图 5‐21   橡胶球

表 5-2 金属网状球规格表

序号	被检管径 D_1/mm	检测球直径 D_2/mm
1	300	291
2	400	388
3	500	485
4	600	582

注：$D_2 = D_1 - 3\% D_1$。

检测球的检测原理如图 5-22 所示，检测球由上游检查井拖入进管，如果检测球被卡住，定位卡点，再从另外一端检查井拖入，验证卡点位置是否正确，并测量断面损失的纵向长度。

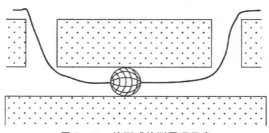

图 5-22 检测球检测原理示意

5.2.6 圆度芯轴检测器

圆度芯轴检测器是用金属材料制作成的外形呈圆柱状的专门用于中小型管道检测的简单工具，它分单一口径和多口径，其材料分为钢、不锈钢、铝合金（图 5-23 至图 5-25）。单一口径的圆度芯轴检测器是指每一个检测器只能检测一种直径的管道。多口径的圆度芯轴检测器是指一个检测器可检测多种直径的管道，这种检测器只需在检测时更换直径相对应的圆度盘即可。圆度盘一般由大到小成序列配置，具体尺寸可由用户自行决定。

图 5-23 钢(单一口径)　图 5-24 不锈钢(多口径)　图 5-25 铝合金(多口径)

　　圆度芯轴检测器能同时检测管道断面和轴向变化，它解决了检测球不能反映轴向偏移的弊端，是当今欧美等发达国家及地区常用检测工具，特别是用于化学管材的变形检测。圆度芯轴检测器的检测方法有 2 种。

　　(1)人工牵拉式检测(图 5－26)：先用穿绳器等工具在被检测管段内穿入一根塑料绳，然后将检测器拴在上游检查井的牵引绳一端，另一端人员缓缓将其拖入进管，如果其卡住，定位卡点，再从另外一端检查井拖入，验证卡点位置是否正确，并测量断面损失的纵向长度。

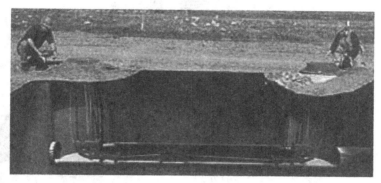

图 5－26　人工牵拉式检测工作原理

　　(2)负压式检测(图 5－27)：在铝合金检测器的一端挂上一个伞式风袋，放入上游检查井里，在下游检查井口安装风机，当风机向井外鼓风时，管道内形成负压，伞袋会带着检测器在管道内移动，如果检测器未能顺利到达下游检查井内，说明管道存在变形、阻塞等情形。

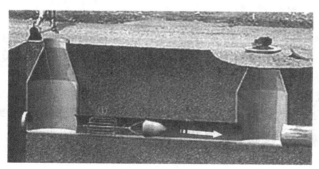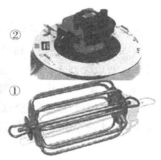

图 5－27　负压式检测工作原理

5.2.7　大型管道圆度测量仪

　　管道圆度测量仪用于测量大型管道，如大型铸管、无缝钢管及水泥管道的承、插口等的内外径圆度误差(又称为圆度误差)。它需要人员进入管道内操作方可完成。

该仪器由测量杆和百分表等组成(图5-28)。因为测量杆垂直平分于滚轴所构成的弦,所以必过被测管的圆心。杆通过弹簧将滚轮压在被测管道上,仪器旋转180°的过程中,滚轮将通过内部的顶杆压缩百分表头,显示直径的变化。

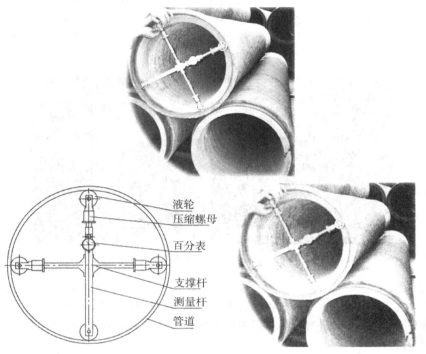

图5-28 圆度测量仪

将管道圆度测量仪置于被测管的横截面内,松开压紧的螺母。杆通过弹簧将滚轮压在被测管道上,仪器旋转180°,通过百分表的变化方可读出直径的变化。使用圆度测量仪时要注意以下两点:

(1)当支撑杆处于水平位置时,支撑杆会产生一定的下沉,这不会影响测量精度。

(2)滚轮的轻微跑偏(使仪器在管道的斜截面内运转)所产生的误差可忽略不计(以1 m为例:偏5 mm所产生的误差为0.01 mm;偏10 mm所产生的误差为0.05 mm)。

5.3 潜水检查

潜水检测是为进行查勘排水管渠的情况而在携带或不携带专业工具的情况下进入水面以下的活动(图5-29)。

图 5 - 29　潜水示意

在很多地下水位高的城镇，特大型和大型管在一般情况下断水和封堵有困难，同时管道运行水位也很高，包括倒虹管和排放口，因此让潜水员进入管内的检查往往是不二选择。潜水员通过手摸或脚触管道内壁来判断管道是否有错位、破裂及堵塞等问题。根据《城镇排水管渠与泵站运行、维护和安全技术规程》(CJJ 68—2016)中相关规定：采用潜水检查的管道，其管径不得小于 1200 mm，流速不得大于 0.5 m/s；且从事管道潜水检查作业的潜水员和单位必须具有特种作业资质(图 5 - 30)；潜水员发现情况后，应及时用对讲机向地面报告，并由地面记录员当场记录。由于该种方法是通过肢体接触结合潜水员的经验得出检测结果，检测结果的准确性和可靠性无法与通过视觉获得的信息相比，全凭潜水员口述，因此在不完全确认检测结果的情况下，还须采取降水等措施，通过视觉或摄像画面等方式获取真实现状。

图 5 - 30　潜水作业证书样本

5.3.1 潜水装备

排水行业用的潜水装具与深海救捞行业的有所不同，通常有通风式重潜水装具和浅潜水装具。前者适用于45 m内水深的水下作业，而后者只适用于12 m内水深的水下作业。

(1)通风式重潜水装具。

通风式重潜水装具主要包括潜水头盔、潜水衣(规格一般有特号、大号、中号)、压铅、潜水鞋、潜水胶管(不同长度3根)、全毛毛线保暖服、全毛毛线保暖袜、全毛毛线保暖手套、全毛毛线保暖帽、腰节阀、手箍(规格有大、中、小)、对讲电话及其附件、机动供气泵、电动供气泵、潜水刀、潜水计时器，以及水下照明灯等。如图5-31所示，重潜水装具具有厚实、笨拙、适应高水压等特点，在排水行业使用较少。使用重潜水装具在水中工作时必须脚踏水底或实物，或手抓缆索，不能悬浮工作。由于"放漂"(在水底因潜水服中气体过多，失去控制而突然急速上升，俗称放漂)的危险性大，因此重潜水装具已逐渐被浅潜水装具取代。

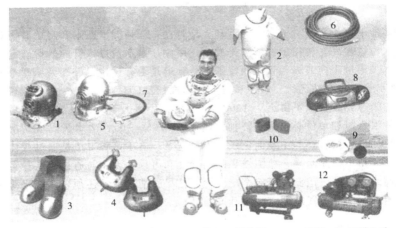

1—潜水头盔；2—潜水衣；3—潜水鞋；4—压铅；5—腰节阀；6、7—胶管；8—对讲电话；
9—电话附件；10—手箍；11、12—供气泵。

图5-31 通风式重潜水装具

(2)浅潜水装具。

浅潜水装具又称为轻装式潜水装具，它是城市排水管道、检查井封堵、检测和清捞的常用装具。浅潜水装备主要包括潜水衣、呼吸器、潜水胶管、腰节阀、压铅、对讲电话、通信电缆、手箍、机动供气泵及电动供气泵等。如图5-32所示，轻装型干式潜水装具与重潜水装具不同，其帽子、衣服、裤子和靴子连成一体，背后装有水密拉链，穿着方便，密封性能好，在潜水服内还可加穿保暖内衣，使保暖性能更加优良，尤其适合水温较低的各种潜水作业。浅潜水装具与供氧系统配套使用，安装极其简单。在排水管道这样的有限空间里，穿着浅潜水装具能使潜水员水下行动灵活，特别适合城市排水行业。

1—潜水衣；2—呼吸器；3—胶管；4—腰节阀；5—压铅；6—长胶管；7—对讲电话；
8—通信电缆；9—手箍；10—机动供气泵；11—电动供气泵。

图 5-32　浅潜水装具

5.3.2　检测作业内容

潜水检测作业必须以作业组为单位，单组潜水作业应由 4 人完成，并备有全套应急潜水装具和救助潜水员。双组潜水作业可由 8 人完成，但不得少于 7 人。离基地外出潜水作业，必须具备 2 组人员同时潜水作业的能力。潜水员、信绳员、电话员、收放潜水胶管员（"扯管员"）的作业必须由正式潜水作业人员操作，严禁他人代为操作。

（1）准备工作。

A. 潜水作业前应了解作业现场的水深、流速、水温及管道内的淤积情况，并认真将相应内容填写在潜水日志中。

B. 根据水下作业内容和工作量，结合作业现场管道内的淤积情况，认真分析潜水作业中可能遇到的各种情况，制订潜水作业方案和应急安全保障措施。

C. 对现场所使用的潜水空压机、潜水服、水下对讲机及安装用的气囊，做使用前调试和检查，检验以使用设备性能优良为准。

D. 潜水作业开始，潜水工作四周设防护栏装置。夜间作业应悬挂信号灯，并有足够的工作照明。

（2）安装气囊封堵。

进行潜水检测时，为了人员的绝对安全，必须先用橡胶气囊对被检查管段的上下进行封堵，以防突然的水流变化。气囊封堵一般按照以下流程进行：

A. 连接好三相电源，调试空压机，检查并调整空压机气压表至正常气压。

B. 医用氧气瓶装氧气表和气管并与空压机连接好，当应急气源用。

C. 潜水员穿好潜水装备，调好对讲系统，进入管道做第一次水下探摸，检查管道内是否有杂物毛刺，并做管道内清理，使其符合气囊安装条件。

D. 检查气囊表面是否干净，有无附着污物，是否完好无损，充少量气后检查配件及气囊有无漏气的地方。确定气囊正常方可进入管道内进行封堵作业。

E. 管道的检查。封堵前应先检查管道的内壁是否平整光滑，有无突出的毛刺、玻璃、石子等尖锐物，如有，立即清除掉，以免刺破气囊。气囊放入管道后应水平摆放，不要扭转摆放，以免窝住气体打爆气囊。

F. 做气囊配件连接及漏气检查。对管道堵水气囊附属充气配件进行连接，连接完毕后检查是否有泄漏处。将管道堵水气囊伸展开，用附属配件连接进行充气，到气囊基本饱满为止。当压力表指针达到 0.03 MPa 时，关掉止气阀，用肥皂水均匀涂在气囊表面上，观察是否有漏气的地方。

G. 将连接好的管道堵水气囊里的空气排出，竖着卷一下，通过检查口放入，到达指定位置后，即可通过胶管向气囊充气，充气至规定的使用压力即可。充气时应保持气囊内压力均匀，缓慢充气，观察压力表上升情况，如压力表快速上升说明充气过快，此时应放慢充气速度，将止气阀稍微拧紧一些，以减小进气速度，否则增压速度过快很可能导致打爆气囊。

（3）潜水员进入管内检测。

在封堵工作完成后，潜水员即可下水开展检测工作。检测工作一般要遵循下列原则：

A. 潜水员一般从上游检查井进入管道开始检查，顺坡缓慢行走，以节省体力。

B. 潜水作业人员必须熟悉使用信号绳的规定及事先约好的联络信号。特别是在深水和流急的管道、集水池作业时，必须系信号绳，以备电话发生故障时，可利用信号绳传递信号。

C. 潜水员在水下作业时，应与地面电话员保持联系，将手摸到的和脚触到的情况随时报告给地面电话员。电话发生故障时，可用安全（信号）绳联络。当电话和信号绳均发生故障时，可用供气管联络，并应立即出水。潜水员必须严格执行水面电话员的指令。发生险情或故障时，应立即通知水面电话员，同时保持镇静，设法自救或等待派遣潜水员协助解救。

D. 潜水员在水下工作时，必须注意保持潜水装具内的空气，始终保持上身（髋骨以上）高于下身（髋骨以下），防止发生串气放漂事故。

E. 潜水员水下作业应佩带潜水工作刀，在深水中作业应尽可能配备水上或水下照明设备。

F. 作业水深超过 12 m 时，潜水员上升必须按减压规程进行水下减压。水深不足 12 m，但劳动强度大或工作时间长时，潜水员也应参照减压标准进行水下减压。

5.3.3　注意事项

排水管渠潜水检测工作是一项极其危险的工作，保护好潜水检测人员的生命安全至关重要。在检测过程中应该注意以下事项：

（1）潜水供气胶管可根据作业环境选择漂浮式胶管或重型胶管。排水管道检测中，应采取飘浮式胶管，但在水较深、流速较大的管道内作业时宜采取用重型胶管。

（2）潜水装备应建立保管、使用档案。潜水衣、头盔、供气胶管要定期检查和清洗消毒，凡达不到安全强度要求的应报废停用。

（3）施工现场三相电源必须正常，有专人负责。

（4）潜水员在水下工作时，供氧设备必须有专人看护管理。

（5）在现场的供氧设备上连接另一套应急供氧设备。

（6）现场施工过程中现场负责人必须全程监管。

5.4　无压管道严密性检测

无压管道严密性检测是指通过用水、气、烟等介质，采取各种方法的试验来检查管道或检查井的除正常开口外的结构密闭性能，通常也称作密闭试验。密闭试验通常有闭水试验、闭气试验和烟雾试验，其中，闭水试验常作为敷设新管和修复旧管质量控制和验收环节的必不可少的内容，往往是衡量管道建设质量的最重要指标，是施工质量验收的主控项目。闭气试验虽然已写入了行业的有关规程，但还未得到广泛使用。

5.4.1　闭水试验

（1）基本原理。

闭水试验是传统管道密闭性测试的主要方法之一，是通过向相对密闭环境下的管道内注水，测定单位时间下水量的损失来判断管道密闭性是否良好的一种方法。适用范围包括污水管道、雨污水合流管道、倒虹吸管、设计要求闭水的其他排水管道。

试验最小单元可以根据工程设计文件确定，可以是单个检查井、不含检查井的管段、含检查井的管段、单个接口等。

闭水试验有节水式闭水试验（图 5-33）和常规式闭水试验（图 5-34）之分，节水式闭水试验通常应用在接口处的严密性试验。

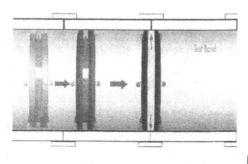

图 5-33　节水式闭水试验

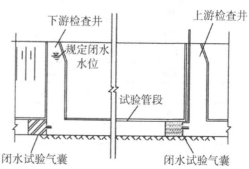

图 5-34　常规式闭水试验

（2）试验过程。

常规式闭水试验是我国普遍采用的方式，其试验过程通常如下：

A. 准备工作。将检查井内清理干净，修补井内外的缺陷；设置水位观测标尺，标定水位测针；安置现场测定蒸发量的设备；灌水的水源应采用清水，并做好灌水。

B. 封堵。以 2 个检查井区间为 1 个试验段，试验时将上游、下游检查井的排入、排出管口严密封闭。管道两端封堵承载力经核算大于水压力的合力。除预留进出水管外，应封堵坚固，不得渗水。

C. 注水。由上游检查井注水。半湿性土壤试验水位为上游检查井井盖处，干燥性土壤试验水位为上游检查中内管顶的 4 m 处。

D. 试验。试验时间为 30 min，测定注入的水的损失量为渗出量。

（3）试验检验。

A. 闭水试验检验频率详见表 5 - 3。

表 5 - 3　闭水实验检验频率

序号	项目		检验频率		检验方法
			范围	点数	
1	倒虹吸管		每个井段	1	灌水
2	其他管道	$D<700$ mm	每个井段	1	计算渗水量
3		700 mm$\leqslant D\leqslant$1500 mm	每 3 个井段抽验 1 段	1	
4		$D>1500$ mm	每 3 个井段抽验 1 段	1	

注：①闭水试验应在管道填土前进行；②闭水试验应在管道灌满水后经 24 h 后再进行；③闭水试验的水位，应为试验段上游管道内顶以上 2 m，当上游管内顶至检查口高度小于 2 m 时，闭水试验水位可至井口为止；④对渗水量的测定时间不少于 30 min；⑤表中 D 为管径。

B. 闭水试验允许渗水量。按照《给水排水管道工程施工及验收规范》（GB 50268—2008）的要求，实测渗水量要小于或等于表 5 - 4 规定的允许渗水量。

表 5 - 4　无压混凝土或钢筋混凝土管道闭水实验允许渗水量

管径/mm	允许渗水量/[$m^3 \cdot (24 h \cdot km)^{-1}$]
200	17.60
300	21.62
400	25.00
500	27.95
600	30.60
700	33.00
800	35.35
900	37.50
1000	39.52

续表 4－1

管径/mm	允许渗水量/[m³·(24 h·km)⁻¹]
1100	41.45
1200	43.30
1300	45.00
1400	46.70
1500	48.40
1600	50.00
1700	51.50
1800	53.00
1900	54.48
2000	55.90

当管道直径大于表 5－4 中所列分项时，实测渗水量应该小于或等于按式（5－1）计算的允许渗水量：

$$q = 1.25\sqrt{D_i} \qquad\qquad (5-1)$$

异形截面管道的允许渗水量按照周长折合成圆形管道计算。

化学管材管道的实测渗水量应该小于或等于按式（5－2）计算出的允许渗水量：

$$q = 0.0046 D_i \qquad\qquad (5-2)$$

式（5－1）和式（5－2）中，q 为允许渗水量[单位：m³/(24 h·km)]，D_i 为管道直径（单位：mm）。

（4）试验设备及工具。

试验设备及工具主要包括：①大功率潜水泵 2 台、胶管（闭水试验时抽水用）若干；②标尺（主要用于观察灌水时水位变化情况）1 个；③刻度尺；④水位测针（由针体和针头构成）；⑤百分表；⑥水表；⑦堵水气囊；⑧水箱（1 m³）。

5.4.2　闭气试验

（1）基本原理。

闭气试验与闭水试验类似，也是管道或检查井密闭性测试的方法之一。闭气试验测试速度快，操作简单，可成为未来主流的管道密闭性测试方法。它的基本原理是根据不同管径的规定闭气时间，测定并记录管道内或检查井内单位压力下降所需要的时间，若该时间不低于规定时间，则说明管道及检查井密闭性良好。闭气检测可用于整个管段、单一接口或检查井的严密性检测。

（2）管段闭气检测。

在欧美发达国家，以相邻两个检查井之间的整段管作为一个整体来实施闭气试验（图 5－35），是敷设新管质量检查必不可少的环节。闭气试验具有闭水试验无可比拟的优势，能大量节约自来水资源，解决了闭水试验后水的出处，作业效率高，时间快。我国近些年也开始推广这一方法，并已经出台了有关技术标准，不久的将来，闭气试验会代替闭水试验。但闭气试验也存在弱点，在未覆土前进行试验时，漏点定位较困难，不像闭水试验反映出水渍那么明显。

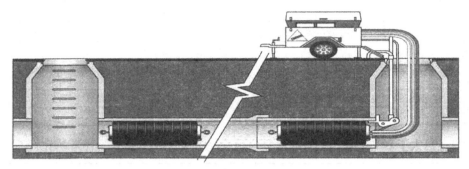

图 5-35　管段闭气试验

闭气试验的操作流程如下：

A. 应对闭气试验的排水管道两端与气囊接触部分的内壁进行处理，使其清洁光滑。

B. 分别将气囊安装在管道两端，每端接上压力表和充气嘴。

C. 用空气压缩机给气囊充气，加压至 0.15～0.2 MPa，将管道密封，用喷洒发泡液检查气囊密封情况并处理。

D. 用空气压缩机向管道内充气，至 3000 Pa 时关闭气阀，使气压趋于稳定。

E. 用喷雾器喷洒发泡液检查管堵对管口的密封情况，管堵对管口完全密封后，观察管体内的气压。

F. 管体内气压从 3000 Pa 降至 2000 Pa 历时不少于 5 min，即可认为稳定。气压下降较快时，可适当充气；下降太慢时，可适当放气。

G. 根据不同管径的规定闭气时间，测定并记录管道内气压从 2000 Pa 下降后的压力表读数，记录下降到 1500 Pa 时所需要时间。

按照国家标准《给水排水管道工程施工及验收规范》（GB 50268—2008）的要求，管道内气压从 2000 Pa 下降到 1500 Pa 为闭气试验的单位压降标准。若气压下降 500 Pa 所用时间长于表 5-5 相应规格管径所规定的，则合格。

表 5-5　混凝土或钢筋混凝土管道闭气实验检测标准

管径/mm	管道内压力/Pa		规定闭气时间/min
	起点	终点	
300			1.75
400			2.50
500			3.25
600			4.75
700	2000	≥1500	6.25
800			7.25
900			8.50
1000			10.50
1100			12.25
1200			15.00

注：闭气试验以管段为单位进行。

（3）接口处闭气试验。

在整段管中，管道接口的不严密往往是最常见的，特别对于大型及以上管道而言。对每个接口进行逐一检测比对整段管进行检测更有效，特别对于已覆土或者已运行的管道，可以排查出具体某个接口的问题，而不必整段管都做完不合格检测后再去排查，费工费时。我国目前还没有针对接口检测的标准。

接口检测主要器具主要包括双气囊式检测器（图 5-36）、空气压缩机等。

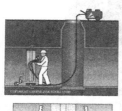

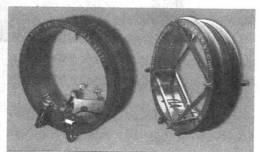

图 5-36　双气囊式检测器

接口处闭气试验的基本原理如图 5-37 所示，其操作步骤如下：

A. 实施通风、降水等措施，为人员进管提供前提条件。

B. 清理接口周围敷在管壁上的泥沙等脏物，使表面光滑。

C. 按照被测管径大小选择合适的检测器具，运至检查井内安装。

D. 推送检测器至管道接口处进行充气，根据管径的不同，充气到相应的压力数值后，停止充气，再测定下降到有关标准规定的压力所需时间，做出是否合格的评定。

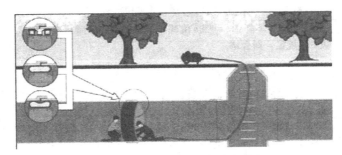

图 5-37　接口处闭气试验

5.4.3　烟雾试验

烟雾试验是向封闭的管路中送入烟雾，通过烟雾的行踪，找出管道运行中存在问题的检测方法。如图 5-38 所示，在检查井井口处送烟，当该烟雾从管道内的裂隙及浸水部位冒出达到地表时，即可确认该管路有异常，管道出现破裂或渗漏。

图 5-38　烟雾试验原理

做烟雾试验除了要准备烟雾发生器，还要准备用于送气的井盖型专用鼓风机等配套设备(图 5-39)。烟雾发生器是钢瓶装的专用烟雾生成器，也可用普通拉环式烟雾弹来代替(图 5-40)。

图 5-39　烟雾发生器和鼓风机

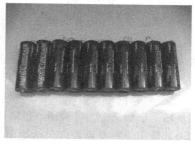

图 5-40 普通拉环式烟雾弹

烟雾试验首先要明确检测的目的及范围，然后封堵住投放烟雾检查井内的非检测区域的管路，根据管径大小，控制好烟量，并在路面留有足够数量的观察员，发现烟雾溢出应及时定位，有条件的地方需要做好标记。若烟雾试验使用普通烟雾弹投掷进检查井，操作人员应该佩戴具有活性炭过滤功能的口罩及劳防眼镜。烟雾试验一般能发现以下缺陷或问题：①主管或支管破裂；②检查井损坏；③管道堵塞未疏通；④雨、污水管道混接；⑤不合法的接入。

5.5 其他检测

5.5.1 水力坡降试验

水力坡度又称为比降，是指重力流水面单位距离的落差，常用百分比、千分比等表示。若管道上 A、B 两点的距离为 1 km，点 B 的水位比点 A 高 2 m，则水力坡度为 2‰。

排水管道的水力坡降试验是通过对实际水面坡降的测量和分析来检查管道运行状况的一种非常有效的方法，也称为抽水试验。试验前需要先通过查阅或实测的方法获得每座检查井的地面高程，液面高程则在现场由地面高程减去液面离地面的深度得出，各测点每次必须在同一时间读数。

在外业测量结束后，绘制成果图，图上应绘制地面坡降线、管底坡降线及数条不同时间的液面坡降线。在正常情况下管道的液面坡降和管底的坡降应基本保持一致，若在某一管段出现突变，则表示该处水头损失异常，可能存在瓶颈、倒坡、堵塞或未拆除干净的堵头（图 5-41）。

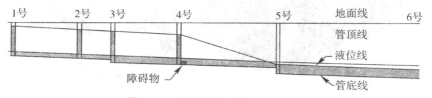

图 5-41 水力坡降示意（抽水试验）

水力坡降试验的主要内容如下：

（1）水力坡降检查前，应查明管道的管径、管底高程、地面高程和窨井之间的距离等基础资料。

（2）水力坡降检测应选择在低水位时进行。泵站抽水范围内的管道，也可以从泵前的静止水位开始，分别测出开泵后不同时间水力降线的变化；同一条水力坡线的各个测点必须在同一时间测得。

（3）测量结果应绘成水力坡降图，坡降图的竖向比例应大于横向比例。

（4）水力坡降图中主要要素应包括地面坡降线、管底坡降线、管顶坡降线及 1 条或数条不同时间的水面坡降线。

5.5.2　管道渗漏定位检测技术

排水管道在降低运行水位以后，内渗漏现象容易发现，但满水位时的内渗漏及低水位时的外渗漏就难以查找。德国一家高科技公司开发研制出聚焦电极渗漏定位仪（focused electrode leak locator，FELL；图 5 - 42），能够在部分地区解决这一难题。该仪器采用聚焦电流快速扫描技术，通过实时测量聚焦式电极阵列探头在管道内连续移动时透过漏点的泄漏电流，现场扫描并精确定位所有管道漏点。当管道受损时，在地面设置的表面电极和探头上的无线电聚焦电极之间能够形成电流，通过记录电流图并由扫描电镜装置显示读数，能够反映管道受损部位的位置、长度范围甚至微小的异常现象。对上述数据进行统计分析，可将管道分为不同的优劣状况等级，进而根据不同等级提出并选择不同的管道修复方案。由于聚焦电极渗漏定位仪具有效率高且成本低的优势，并且在管道检测时无须事先清洗管道或控制水流，因此其在混凝土管、钢筋混凝土管、衬塑钢管或塑料管等渗漏检测的相关应用中能发挥重要作用。

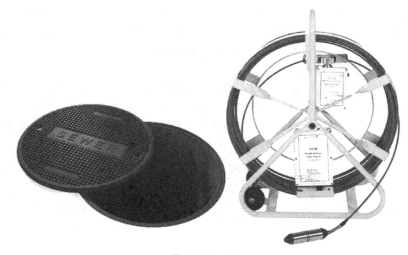

图 5 - 42　FELL

FELL 的工作原理如图 5-43 所示，其采用聚焦电流快速检测定位技术，将聚焦式电极阵列探头置于管道内部连续移动，并使用配套的测漏软件实时采集、监测聚焦电流值的曲线变化来进行分析定位出管道的漏点。聚焦式电极阵列探头主要由 1 个中心电极和 2 个辅助电极组成，工作时产生径向的聚焦式交流电流场，分布在 20～80 cm 的有限范围内，因此只有当聚焦式电极阵列探头接近管道缺陷点时才会产生泄漏电流，各个漏点呈现独立的电流峰值，从而实现漏点定位的高分辨率和高定位精度。

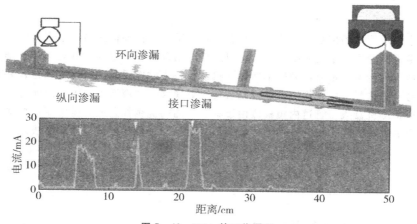

图 5-43　FELL 的工作原理

FELL 有着快速连续扫描排水管道漏点、高效率、高精度、高分辨率等主要优点，通用于有水管道或无水管道。操作简便，现场测量和数据解释一体化，检测结果不依赖于操作者的经验和主观判断，适用于管径为 150～1500 mm 的各种材质的排水管道。但它也具有较大缺点，比如在高地下水位地区，管道周围土质中含水率很高，该仪器几乎失效，不能找到渗漏点。随着电子技术的不断进步，该项技术也会不断改良，最终能实现多种环境下的排水管道渗漏检测。

5.5.3　管道脱空检测

管道脱空是指由于管道施工、地质环境变化及渗漏等，管道周围形成空洞区域。管道脱空极易导致路面塌陷，因此尽早发现脱空的位置及范围，并及时予以处置，可以有效地避免由此产生的公共灾害。在排水系统中，基本都是渗漏型的脱空，这类脱空，无论其规模大小，都是不允许的，一旦发现，必须及时得到治理。通常解决方法是在管道内部内衬止漏后，采取注浆等填充措施。一般来说，非渗漏型的脱空，其脱空高度只要不大于 0.2 m，所造成的危害不会很大。常用管道脱空检测可采用雷达技术，分为以下两类：①探地雷达（ground penetrating radar，GPR），又称为透地雷达或地质雷达；②透管雷达（pipe penetrating radar，PPR），又称为管道雷达透管雷达（详细内容参见本书第 8 章）。

第6章 基于CCTV与QV的排水管道健康检测技术

排水管道检测的传统方法往往会存在各种局限性，比如检测结果不直接明了，中小口径管道不能检测，量化的结果较少，以及检测结果的不确定性，等等。针对排水管道隐蔽在地下的特点，带有视频采集功能的机器代替人的肉眼，进入管道或检查井查询和检测是必然的选择。由于管道内窥检测装备能够像人一样观看和行走，因此有人就将其称为管道检测机器人。管道内窥检测由于具有极高的优越性，成为排水管道检测领域使用最广泛的方法。利用它对正在运行的管道进行检测是世界上最常用的办法。

6.1 基 本 知 识

6.1.1 电视闭路检测的含义

电视闭路检测又称为CCTV检测，是指远程采集图像，通过有线或无线传输方式，对无须人员直接到达的内部状况进行显示和记录的检测方法。CCTV检测大约出现于20世纪50年代，到20世纪80年代中后期已基本成熟。它被广泛用于各个领域，如各种管道的视频内窥检测、烟囱维修、应急救援等(图6-1)。CCTV检测自20世纪60年代起成为世界上最普遍、高效的排水管道检测手段。

管道检测

烟囱检修

汽车检修

地震救援

设备检测

航空检测

设备检测

锅炉检测

图6-1 CCTV检测的应用领域

目前，电视检测的检测方式和相配套的设备共有以下 4 种：

（1）自行式 CCTV。

视频的获取设备和照明灯由 1 台爬行器或其他承载器具承载进入管道内部，自带动力行驶拍摄，长距离、长时间拍摄和记载管内实况。通常有轮式和履带式。轮式 CCTV 是目前最常见的方式，通常排水业界人士所说的 CCTV 检测用的就是这种方式。由于我国排水管道垃圾较多，履带式 CCTV 在行走过程中容易卡住，因此使用较少。将 CCTV 摄像系统安置在带有动力的漂浮筏上，也是自行式 CCTV 的一种，常被用来检测大型盖板沟渠。

（2）推杆式 CCTV。

视频摄像头和照明灯用专用软性电缆由人力推送至管道内部，长距离、长时间拍摄和记载管内实况。推杆式 CCTV 一般用在小口径管道的检查，在自来水、燃气和电讯等行业得到广泛的应用。

（3）拉拽式 CCTV。

视频的获取设备和照明灯具搭载在一个无动力的移动承载平台上，诸如雪橇、漂浮筏等，平台与地面人员用绳索相连，靠人力拖拽使平台在管道内移动，从而获取管道内壁图像。拉拽式 CCTV 能正常实施检测的前提是被检测管段能够穿绳。

（4）鱼眼式 CCTV。

鱼眼式 CCTV 是近几年才被引入我国的。它将自行式 CCTV 的摄像镜头替换成鱼眼摄像镜头，即大广角镜头（图 6-2）。检测拍摄时，镜头固定，不作任何动作，所抓取的影像通过专用软件后期制作，得到管道内壁展开后的平面纹理图像（图 6-3），判读人员直接观测，并可量测管道缺陷。

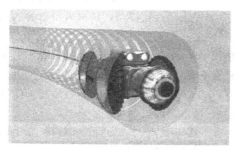

图 6-2　鱼眼式 CCTV

图 6-3　管道内壁纹理图像

在我国，CCTV 检测和 QV 检测用于排水管道检测虽然起步较晚，但近几年在国内很多大中城市发展迅速，已被越来越多的排水业者所熟知，成为检查管渠的必备工具。

6.1.2　工作原理

（1）CCTV 检测的工作原理。

CCTV 检测的工作原理类似于医院的胃镜检查。如图 6-4 所示，摄像机和照明装置被专门承载器具带入对管道内部进行全程摄像，检测人员在地面上远程操作仪器，从不同视角观察和获取管道内部空间的表层清晰影像，对于一些特殊结构和疑似缺陷部位进行重点详细放大拍摄，所有实时拍摄的影像同步保存。专业的检测工程师对所有的影像资料进行判读，运用专业知识和专业软件对管道现状进行分析和评估。获取图像的同时，仪器自动记录时间和承载器移动的实时距离。有些仪器还能实时记录坡度。地面检测人员通过协调操控承载器的动力系统、照明系统和摄像系统，依据有关技术标准的操作要求，完成现场检测。现场检测完成后，还需由专业人员编写管道检测报告，按照目的和要求对被检管道进行评价，为有关决策提供真实和有效的依据。

图 6-4　CCTV 检测原理示意

从 CCTV 检测工作原理可以看出，除了检测，它还能应用在以下方面：

A. 隐蔽点查找与定位。爬行器上加装信标发射器，当从显示器上发现暗藏检查井、井盖被覆盖的检查井及管道暗接处的情形时，即刻停止爬行器移动，检测人员持金属管道探测仪进行定位。

B. 修复引导。在实施点状原位固化和不锈钢套筒工法进行非开挖修复工程时，地面检测人员通过观看 CCTV 监视屏，操纵修复器准确移动到需内衬修复的位置。

C. 穿绳。检测人员先将绳索的一端拴在自行式 CCTV 的牵引环上，然后将 CCTV 放入检查井，操控爬行器使其行至另一端检查井，再取出绳索即可。

快速 CCTV 检测以其操作简便、速度快、省人工等优点，成为管道 CCTV 检测的有益补充而被广泛使用。按照其工作原理，快速电视检测还能够应用于：

A. 短距离范围内，可见的影响过水能力的情况。

B. 建筑工地的泥浆等违规排放的视频取证。

C. 通过地面开孔，可用于排水管道渗漏造成的空洞探查。

D. 污染物违法排放摄像取证。

E. 雨污混接点的影像取证。

（2）QV 检测的工作原理。

常规的潜望镜是指从海面下伸出海面或从低洼坑道伸出地面，用以窥探海面或地面上活动的装置。排水管道 QV 检测与潜望镜窥探原理基本雷同，是利用电子摄像高倍变焦技术,加上聚光、泛光灯组合进行管道内窥摄像检测(图6-5)。它通过长度可调的手柄将高放大倍数的摄像头放入检查井,代替人眼,能看清不能被直视的目标。有些 QV 设备还具备激光测距功能,它是先将光点对准被测物体,然后进行测距读数。由于被测物体差异较大,所测到的距离往往仅作为参考。根据管内光线的情况,能够在直径 150～1500 mm 管道的管口探测管道内部情况,清晰地显示管道裂缝、堵塞等内部状况,在光照度足够时,纵深最大可达 80 m。检测时要求管道内污水或水位不超过管径的 1/2。

图 6-5 管道潜望镜工作原理示意

与 CCTV 检测相比较,QV 检测工作比较简单。由于没有动力系统,无须用发电机供电,仪器所需电力均来自随身携带的可充电电池。由于没有爬行器,也无须对其进行操控的系统。检测人员所操控的项目也大大减少,通常只需控制好灯光和摄像。也有仪器可以远程操控摄像头的俯仰动作。和 CCTV 图像一样,QV 图像清晰、直观,视频检测结果可记录、可追溯,检测成本低,广泛用于排水支管、雨水连管等长度较短的管段检测,以及排水主管道的淤积情况检测,亦是检测检查井的有效工具。QV 检测检查井时,通常是人员操作手柄移动拍摄。在检测管道时,通常是固定在管口静止拍摄。从 QV 的工作原理不难看出,其存在很多的局限,如不能检测水面下的情况,管段拍摄很难保证完整,拍摄盲区较多,无法进行定位或定位不准确,等等。因此,QV 检测结果不能作为管道结构性评估的依据。

6.1.3 检测设备

(1)CCTV 设备组成。

检测车及其设备实物如图6-6所示。

图 6-6 检测车及其设备实物

自行式 CCTV 设备一般由摄像系统、控制系统和传输系统三大模块构成。各个模块的具体构件及其功能详见表6-1。

表 6-1　自行式 CCTV 的构成一览

系统名称	构件名称	组成单元	功能
摄像	摄像头	摄像头、驱动马达、LED 小灯组	采集视频图像，镜头具有光学 10 倍以上（数字 4 倍以上）变焦、自动对焦；马达驱动镜头横向 270°和环向 360°旋转
	灯光	LED 大灯组	宽泛角度照明；光照度能远程控制强弱
	爬行器	电机驱动平台、摄像系统承载架	四轮驱动、前进和倒退、转弯；爬坡能力大于 40°；承载架高低远程可调
控制	主控制器	监视器、电脑、键盘	控制指令；人机交互字幕叠加；时间和距离自动叠加
	录像	内置硬盘和 USB 外接口	存储视频文件；空间足够大
传输	线缆盘架	圆形绕线盘、盘架、计码器	线缆承载、收放控制；分动力驱动和人工手动；记录线缆长度变化
	线缆	特种专用线缆，一般直径为 5.5～8.8 mm	数据、动力和照明电力传输；抗干扰能力强、抗拉强度高、直径较细、重量较轻

　　摄像头是 CCTV 的核心，它直接关系到图像的获取质量，二十世纪八九十年代的摄像技术都是采用模拟式的，现在几乎都是数字式的。我国有关规程要求摄像头应该有变焦功能，但在美国等一些国家也采用固定焦距的，加上承载支架也是固定的，使整体爬行器重量轻，结构简单，故障率低，价格便宜，也很受业界欢迎。照明系统一般由泛光灯和聚光灯组成，泛光灯为整个拍摄面提供照度，而聚光灯则随着摄像头为拍摄点提供照明。光源有冷热之分，近些年以 LED 为代表的冷光源逐步取代了常规的热光源。爬行器的整体结构如图 6-7 所示。

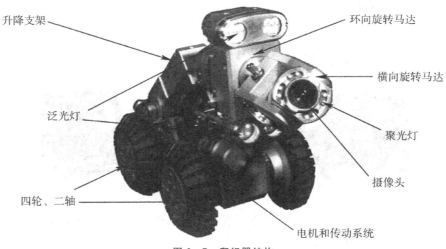

图 6-7　爬行器结构

升降支架　　环向旋转马达　　横向旋转马达　　泛光灯　　聚光灯　　摄像头　　四轮、二轴　　电机和传动系统

　　线缆系统中的线缆盘有手动、半自动和全自动。手动线缆盘全靠人力摇动手柄收放电缆；半自动线缆盘由电机驱动，当爬行器在管道中前进或倒退时需人工配合按动控制按钮；全自动线缆盘无须人工干预。CCTV 的线缆不同于一般的电缆，它除了具有传输电信号基本功能，还具有很强的抗拉能力。

　　控制系统是将动力、照明、图像摄取和存放的管理集成在一个控制箱内。它一般由集成线路板、变压器、显示器和硬盘等硬件组成。

　　在发达国家，整个 CCTV 检测系统和供电系统通常集成安装在一辆经过特殊改造的汽车上(图 6-8)，称之为 CCTV 检测车。我国亦有一些厂家将用户指定的 CCTV 设备装配到普通面包车上，成为管道检测的特种车辆(图 6-9)。

图 6-8　德国 CCTV 检测车

图 6-9　国产 CCTV 检测车

　　(2)CCTV 技术要求。

　　A. 爬行器应满足不同口径。市政排水管道管径多数介于 300～1500 mm 之间，有的甚至更大。目前国内外厂家生产的 CCTV 设备一般最大能满足 1400 mm 口径的管道检测，若需要检测更大的管道，则需要对设备的灯光和支架进行特殊改造，或定制特殊直径的设备。国外有为大型管渠定制的 CCTV 设备，如图 6-10 所示，加高了支架。在管渠有水的情形下，可利用漂浮筏(图 6-11)运载摄像和灯光系统进行检测。

图 6-10　高支架型 CCTV 设备

图 6-11　漂浮筏型 CCTV 设备

　　各个国家的检测规范几乎都要求 CCTV 检测设备的摄像头需要尽可能位于管道中心位置，其调节方式因设备而不同，主要分为电动升降式、手动支架式和混合式。光调节支架高度还不够。因为不同管径的管道内空间大小不一，检测大口径管道时需要的灯光强度大，使检测画面明亮且清晰，所以管内空间相适应的灯光强度也是检测设备的必备条件之一。在早期的 CCTV 检测设备中，光源一般采用白炽灯，它的能源消耗大，对同轴电缆要求高。光源附近释放大量热量，对设备密封有较高的要求，长期使用容易造成灯泡炸裂。随着技术进步，目前越来越多的 CCTV 检测设备采用 LED 光源，它的能量利用率高、亮度强、寿命长。

B. 结构和密封性。排水管道污水横流，垃圾成堆，恶劣的环境要求 CCTV 检测设备具备坚固的机械结构和良好密封性能。现在的设备一般都能在 –10～50 ℃ 的气温条件下和潮湿的环境中正常工作，国内或国外知名品牌的设备都配有防水系统，但国外设备还配有防爆系统。正常运行的污水管道环境温度介于 10～25 ℃ 之间，但有些特殊的管道，其流体介质有较大的区别，特别是工业污水管，环境温度可能上升到 60 ℃ 以上，流体内酸碱度不尽相同，可能给设备带来较大损伤。管道是个密闭空间，含硫有机物在厌氧环境下生成的硫化氢是酸性、可溶于水的有毒有害气体，是钢筋混凝土管道受腐蚀的主要威胁，它也会对设备造成一定损害，因此良好的密封性能对保证 CCTV 检测设备正常工作至关重要。目前主流的 CCTV 检测设备均通过了 IP68 等级的防水性能测试，在水头高度 10 m 的情况下仍能正常工作。但长期使用的 CCTV 检测设备，零部件会老化，特别的防水密封圈需定期检查和更换，设备还需定期维护保养。CCTV 检测设备坚硬的外壳下有一颗精密的"心"，需要使用者的爱护和保持良好的使用习惯。防爆系统亦是 CCTV 检测设备的另一要求，排水管道内常见的可燃气体有硫化氢、一氧化碳、甲烷、汽油等，它们分别的爆炸范围（容积百分比）为 4.3%～45.5%、12.5%～74.2%、5%～15%、1.4%～7.6%。混合气体的爆炸范围更大，社会上也时常有下水道遇明火爆炸的新闻案例报道，因此设备的防爆也是重要指标。

C. 线缆盘架。线缆盘架应具备电缆长度计数功能，电缆计数码盘（俗称计米器）最低计量单位为 0.1 m，精度误差范围为 –1%～1%。长度计数功能是 CCTV 检测设备的基本功能之一，它的作用在于纵向准确定位缺陷。不同的 CCTV 检测设备计米器的精度不尽相同，目前主流设备的精度是厘米级的。检测时，一般爬行器在井下就位后就让计米器归零，作为检测的起点，设备的爬行距离即为线缆的释放长度。在实际使用过程中，由于电缆很难做到一直处于紧绷状态，摄像头位置到实际缺陷位置仍有一定距离（几厘米至几十厘米不等），因此，一般检测缺陷位置允许的误差在 0.5 m 以内。综上所述，对检测设备计米器的精度也就没有那么高的要求了。有的 CCTV 检测设备的计米器自带校准功能，可根据实际需要选择使用。

D. 爬行能力。爬行能力的标准是当电缆长度 120 m 时，爬坡能力应大于 5°。爬坡能力是指爬行器能爬上坡的角度，绝大多数的市政排水管道都是重力流，其设计坡度一般在 1/1000～3/1000 之间，因此爬坡能力大于 5° 的爬行器完全能满足管道内坡度的要求。其实，爬行器的爬坡能力更重要的作用体现在长距离检测时，爬行器不但要克服其自身重力所带来的阻力，还要拖着长长的尾巴（线缆）一同前行，这也是性能优越的 CCTV 检测设备必备的要素。

E. 坡度测量。坡度测量不是所有的 CCTV 检测设备都具备的功能，坡度数据更多的来自管道设计单位或建设施工单位。坡度测量对于地质条件不稳定，容易发生不均匀沉降的地区，在检测过程中可定量地测量管道"起伏"的程度，是 CCTV 检测设备可选配的功能之一，其精度误差范围为 $-1\%\sim1\%$。

　　F. 技术指标。表 6-2 是住房城乡建设部发布的《城镇排水管道检测与评估技术规程》(CJJ 181—2012)中 CCTV 检测设备的最低标准，随着技术的不断进步，表中的部分参数在未来还会修订。

表 6-2　主要技术指标

项目	技术指标
图像传感器	$\geqslant1/4''$ CCD，彩色
灵敏度(最低感光度)	$\leqslant3$ lx
视角	$\geqslant45°$
分辨率	$\geqslant640\times480$
照度	$\geqslant10\times$ LED
图像变形	$-5\%\sim5\%$
爬行器	电缆长度为 120 m 时，爬坡能力应大于 5°
电缆抗拉力	$\geqslant2$ kN(204.08 kg)
存储	录像编码格式：MPEG4、AVI；照片格式：JPEG

　　世界第一台 CCTV 检测设备诞生之时，摄像头仅能提供黑白成像；相对于 2012 年颁布的行业标准，当下使用的 CCTV 检测设备性能已大大超出表 6-2 的要求。比如，主流设备的分辨率能够提供 1080P 的高清视频信号。电缆长度 120 m 的基本要求是为适应排水管道检查井间距而设计的。一般市政排水管道主井之间的窨井间距为 40～60 m，顶管施工的管道窨井间距为 80～100 m。CCTV 检测设备的线缆长度代表了设备的一次性检测距离，理论上，延长线缆的长度并不存在很大的技术难题，但线缆过长对爬行器的爬行能力将会带来极大考验，越长的线缆自身重量越重，在管道底部拖动时的摩擦力也越大，因此，目前主流的 CCTV 检测设备电缆长度为 150～200 m，如遇到特殊构造的管道(间距特别长)，CCTV 检测设备可以从两端检查井向中间相向而行的方式检测，其有效检测距离将是线缆长度的 2 倍。电缆抗拉力也是 CCTV 检测设备的必要参数之一，在实际检测过程中，可能由于管道内存在砖块、垃圾、结垢等障碍物或者管道发生破裂、脱节等结构性缺陷，致使 CCTV 检测设备卡在砖块或缺陷的缝隙中无法依靠爬行器自身爬行能力摆脱，此时线缆能够承受多大的抗拉力将扮演重要的决定性角色。欧美等发达国家的 CCTV 检测设备，其线缆的抗拉力能够达到 6 kN 甚至更大，目前我国自主生产的 CCTV 检测设备在这一参数上还有一定差距。

　　(3)QV 检测设备组成。

　　QV 检测设备是最早传入我国的管道快速检测设备。QV 检测设备配备了强力的聚光灯、泛光源，在光线条件好的情况下纵深可视达到 80 m，操作仅需 1～2 人，是目前普及率最高的快速电视检测设备。如图 6－12 所示，QV 检测设备主要由可伸缩手持杆、支撑杆、高倍变焦镜头、灯光、传输线缆（亦有无线传输）、控制器、可充电型电池组与录像系统组成。

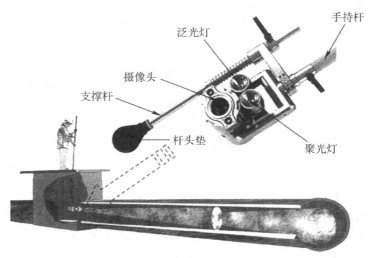

图 6－12　QV 检测设备组成

摄像头与主控制器的连接方式有无线（图 6－13）和有线（图 6－14）。有线连接的 QV 检测设备是线缆穿过空心手持杆芯将视频采集系统、控制系统及电池连接起来，整套设备在使用时是一体化的，往往只能是一个检测人员腰挎手拿独自操作。而无线连接的 QV 检测设备是视频采集系统和控制系统之间省去了电缆，两系统之间的距离一般可达到 500 m，这样可以由 2 名检查人员操作，实现远程控制。

摄像头的水平方向拍摄角度依靠人转动手持杆来实现。俯仰动作的控制则有手动和电动。手动是先扳动摄像头至大概合适位置，然后在摄像头就位后，通过顶住摄像头尾部的突出"尾巴"不断上下微调，直至合适位置。电动是利用电机驱动摄像头作俯仰运动，俯仰角的范围可达到 135°。

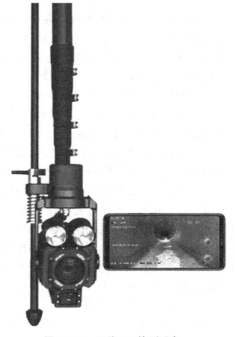

图 6－13　无线 QV 检测设备

图 6 - 14　有线 QV 检测设备

QV 检测设备实际上是简单版的 CCTV 检测设备，没有机械传动部分，故障较 CCTV 检测设备少很多，维修也比较方便。各个构件及其功能详见表 6 - 3。

表 6 - 3　QV 检测设备构成一览

系统名称	构件名称	组成单元	功能
摄像	摄像头	摄像头、驱动马达(有的设备无)	变焦、自动对焦、俯仰 135°。俯仰远程控制(有驱动马达)
	灯光	聚光和泛光各一组	光照度能远程控制强弱
	支撑杆	铝合金单根杆	牢固、不易晃动、多级调节高度
控制	主控制器	监视器、电脑、键盘	人机交互字幕叠加、时间自动叠加
	录像	内置硬盘和 USB 外接口	存储空间足够大
通信	无线模式	摄像系统和控制系统分别有发射和接收单元	图像数据的无线传输，摄像系统的遥控
	有线模式	特种专用线缆，直径为 5～8 mm	数据通信和输送电能。直径较细、重量较轻
承载	手持杆	中空多节管，每节长 1.2～1.8 m	组装便捷、伸缩自如、接口稳固

(4)QV 检测设备技术要求。

按照国家和地方的相关标准要求，QV 检测设备的技术指标一般都不低于表 6 - 4 中的要求。

表 6-4　管道潜望镜设备主要技术指标

项 目	技术指标
图像传感器	≥ 1/4″ CCD，彩色
灵敏度（最低感光度）	≤ 3 lx
视角	≥ 45°
分辨率	≥ 640×480
照度	≥ 10×LED
图像变形	≤ ±5%
变焦范围	光学变焦 ≥ 10 倍，数字变焦 ≥ 10 倍
存储	录像编码格式：MPEG4、AVI；照片格式：JPEG

与 CCTV 检测设备的基本要求类似，QV 检测设备也是以视频成像为检测结果。不同的是 CCTV 爬行器进入管道内摄像，而 QV 检测设备仅将摄像头放在检查井与管道交界处，通过高倍变焦镜头实现不同距离的拍摄，因此潜望镜的镜头变焦能力是设备的主要参数。表 6-4 中光学变焦与数字变焦 10 倍，综合变焦 100 倍的基本要求，常见设备均能达到，超过 400 倍变焦能力的管道潜望镜已经逐渐成为主流。除了摄像功能，有的品牌的管道潜望镜还可以选配激光测距仪、视频眼镜等辅助功能。激光测距仪能够部分弥补潜望镜不能对缺陷准确定位的短板，但准确度不高。

6.2　检　　测

6.2.1　工作流程

正式开展检测工作前，应该弄清楚检测的目的，根据需求，确定本次检测是结构性的，还是功能性的。不同检测目的，流程是不一样的。利用 CCTV 检测排水管道，大多数是为了查找结构性问题。要查清楚结构性问题，必须先要对管道进行预处理，即采用各种手段，使被查的管道几乎完全可视，疏通清洗干净，形成开放明了的待检状态。这样的状态一般对未通水的新管比较容易实现，但对已运行的老旧管道，就不那么容易了，封堵降水和疏通清洗往往需要消耗大量的工作时间和精力，差不多要占全部检测工作量的 2/3，甚至更多。功能性的检测的工作量相对结构性而言就少了很多，一般用 CCTV 检查养护质量时，被检管道不能做除降水以外的任何预处理工作。在检查树根、结构等特定缺陷时，为方便爬行器行走，必要的疏通还是允许的。轮式 CCTV 在进入管内做功能性检测时，管底淤泥常常引起阻碍，使爬行器行驶困难或不能行驶。遇到这种情景，可换用履带式 CCTV 设备，亦可采用牵拉漂浮筏式 CCTV 检测。工作流程如图 6-15 所示。

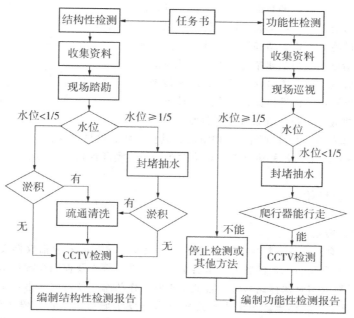

图 6-15　CCTV 检测工作流程

　　在实际工作中，不是所有的检测单位都拥有各种方式的 CCTV 设备，一般在满足检测目的的前提下，征得甲方同意后，用 QV 设备来实施检测，其工作流程就相对简化了，如疏通清洗等工作流程可免除。

6.2.2　检测准备

　　(1)资料收集。收集资料是为了了解管道的基本信息，如建设年代、管材、管径、连接关系等，为制订切实可行的施工计划做准备，也为编制检测评估报告收集道路交通状况信息、管道重要性信息和土质情况信息。主要有：

　　A. 现有排水管线图。

　　B. 管道竣工图或施工图。

　　C. 已有管道检测资料。

　　D. 评估所需相关资料。

　　(2)现场踏勘。

　　A. 察看测区的地物、地貌、交通和管道分布情况。

　　B. 目测或工具检查管道的水位、积泥等情况。

　　C. 复核所搜集资料中的管位、管径、管材、连接关系、流量等信息。

　　(3)编制实施计划。编写实施计划书是检测工作的重要环节，它的符合性的好坏直接关系到检测工作是否得以顺利实施，内容主要包括：

 A. 项目概况：检测的目的、任务、范围和期限。

 B. 现有的资料分析：交通条件、管道概况。

 C. 技术措施：管道封堵和清洗方法、检测方法。

 D. 辅助措施：应急排水措施、交通组织措施。

 E. 保质措施：作业质量保证体系、质量检查。

 F. 工期控制：工作量估算、工作进度计划。

 G. 保障措施：人员、设备和材料计划。

 H. 问题和对策：特殊缺陷、未检情况、其他问题、处理建议。

 I. 成果资料清单：各种检测表、缺陷发布图、检测和评估报告等。

6.2.3　现场检测

（1）CCTV 检测。

 A. 设备自检。设备下井检测前应检查设备状况，检查内容包括仪器设备的尺寸是否与待检测管道管径匹配，仪器的计米器是否已校准，灯光及辅助光源调节，摄像头高度调节，显示系统与录像存储系统是否处于正常工作状态，仪器内压是否正常，等等。

 B. 设置安全警示标志。一般市政排水管道铺设于城市快车道、慢车道、人行道、绿化带下，其中铺设于车行道下的情况居多，检测施工作业须占用检查井井口附近一个车道的宽度，长度则根据检测车的大小情况而定。安全警示标志可采用路锥加三角红旗、施工护栏等方式，夜间施工还应配有闪烁警示灯和必要的照明。

 C. 封堵降水措施。CCTV 检测应尽量不带水作业，当现场条件不能满足时，应当采取降低水位措施，使管道内水位不大于管径的 20%，以便被拍摄对象尽量暴露，保证检测画面能较完整地展现管道内部情况，使检测结果真实可靠。配合 CCTV 检测的中小口径管道临时封堵多以气囊封堵为主，亦可采用机械式管塞、潜水砖砌封堵等方式。降水措施通常是指利用安置在下游检查井内的水泵将被检测管段的水就近抽调到同属性的其他管道，一般都会送到下游的检查井里。有时候现场不允许这样做，那就要另外选择排放点，且必须保证该排放点不会污染环境。

 D. 疏通清洗。在实施结构状况检测前应对管道进行疏通、清洗，管道内壁应无污泥覆盖，才能获得管壁的真实影像，保证检测结果的可靠性。排水管道检测前的疏通清洗质量决定了检测成果的质量，高压清洗专用车（图 6-16）是必备设备，人工清淤只是辅助手段。在淤泥量很少的情况下，也可清洗和检测同步进行，但这要使用与高压清洗车配套的 CCTV 检测射水头，如图 6-17 所示（设备由 Envirosight 公司提供）。

图 6-16　高压清洗车

图 6-17　CCTV 检测射水头

E. 拍摄方法。

a. 拍摄看板和标志物。在对每一段管道开拍前，须先拍摄看板图像，看板上应写明道路或被检测对象所在地名称、起点和终点编号、管道属性、管径及时间等信息。这样做，一是为了方便外业施工和内业报告编制之间的交接工作的顺利进行；二是降低了人工编号发生的井号错误和录像错误的概率；三是便于后期质检人员的工作开展；四是发现问题后便于问题的追溯。除了检测前必须先拍摄看板，还要求拍摄地面明显标志物，连续拍摄至管内不中断，直至整个被检管段末端。

b. 摄像头高度控制。如图 6-18 所示，圆形或矩形排水管道摄像镜头移动轨迹应在管道中轴线上，蛋形管道摄像镜头移动轨迹应在管道高度三分之二的中央位置，偏离范围应为 -10%～10%。缺陷的判读与摄像角度密切相关，比如管道错口，如果摄像镜头偏离管道中心过大，极有可能将管道脱节或在许可范围内的脱节判读成错口。摄像角度的偏差会给内业判读与评估带来不利的影响，因此，适当调节摄像头高度使其位于管道中心位置将为管道评估打下良好基础。

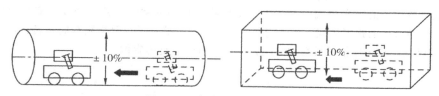

图 6-18　摄像头移动轨迹示意

调节摄像头高度的方法除了抬升或降低爬行器上升降支架，还包括调换不同直径的轮组或用加宽器来加宽轮距。

c. 主控制器操作。首先将远程控制彩色 CCTV 检测车送入已清洗好的排水管道内，将管道内的状况同时传输到电视监视屏幕和电脑上。操作人员通过主控制器的键盘或操纵杆边操作爬行器移动和摄像头姿态边录制成数字影像文件（MP4、MPG、AVI 等格式），同时存储在电脑硬盘内。主控制器监视屏幕上的字段含义如图 6-19 所示，不同型号 CCTV 设备的显示形式有所不同，但包含的要素是差不多的。

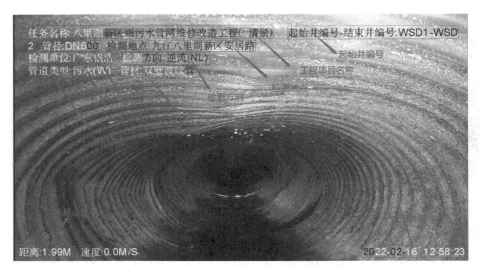

图 6 - 19　监视屏显示示例

当在监视器中发现特征或异常点时，操作人员将其位置、方位、特征点和缺陷的代码等信息记录下来，并抓拍照片存入电脑内。以我国规程为例，这些特征或异常点主要包括：①操作状态类，开始（KS）、结束（JS）、入水（RS）、中止（ZZ）等；②特殊结构，暗井（AJ）、修复（XF）、检查井（JCJ）、变径（BJ）等；③缺陷类，结构性、功能性。

通过操作主控制器上的各种功能键钮（图 6 - 20）来控制检测过程中的摄像方式，摄像方式通常有 2 种模式。一种称为直向摄影，即摄像头取景方向与管道轴向一致，且图像垂直方向保持正位，在摄像头随爬行器行进中通过控制器显示和记录管道内影像的拍摄模式，爬行器移动时不能变换拍摄角度和焦距；另一种称为侧向摄影，即爬行器停止移动，摄像头偏离管道轴向，通过摄像头的变焦、旋转和俯仰等动作，重点显示和记录管道某侧或部位的拍摄模式。直向摄影是检测过程中的常态模式，当发现有异常情形时，应切换成侧向摄影模式，为了将异常点拍得更准确。进行侧向摄影时，爬行器需停留 10 s 以上，并变化拍摄视角和焦距，以获得清晰完整的影像。

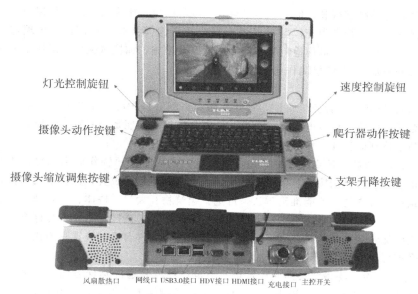

灯光控制旋钮

速度控制旋钮

摄像头动作按键

爬行器动作按键

摄像头缩放调焦按键

支架升降按键

风扇散热口　网线口　USB3.0接口　HDV接口　HDMI接口　充电接口　主控开关

图 6-20　主控制器

d. 爬行器行进速度控制。为获得清晰、稳定的检测画面，避免画面拖尾模糊、现象，同时避免忽略管道内部存在的细微裂缝或其他轻度的缺陷，进而导致检测结果不能真实反映管道的运行状态，各国对爬行器的行进速度都有明确规定。例如，新西兰规定：当管径不大于 220 mm 时，速度为 0.05～0.10 m/s(3.0～6.0 m/min)；当管径为 225～300 mm 时，速度为 0.05～0.15 m/s (3.0～9.0 m/min)；当管径大于 300 mm 时，速度为 0.10～0.20 m/s(6.0～12.0 m/min)。我国规程规定：当管径不大于 200 mm 时，直向摄影的行进速度不宜超过 0.1 m/s；当管径大于 200 mm 时，直向摄影的行进速度不宜超过 0.15 m/s。很多 CCTV 检测设备上具有实时显示和记录行进速度的功能，没有此功能的设备，可以从时间和距离计算得知。

e. 异常画面的处置。现场监视器发现异常情况，对其全方位拍摄、准确定位、赋予性质和程度、测量出规模，是 CCTV 检测过程中最核心工作。在国外，这一系列工作都是在检测现场完成的，比如直向摄影时发现有某一种缺陷，立即停止爬行器移动并进行侧向摄影，依据标准，输入缺陷代码、等级和环向位置，截获照片，自动获取纵向距离。设备自动获取的纵向距离应该通过线缆上提前做好的刻度标记予以确认。在我国，由于城市交通拥挤不堪，占道检测的时间段非常有限，通常的做法是现场只拍摄画面，回到室内再阅片判读。

F. 拍摄终止。爬行器无法行进的情况会经常出现，其无法行走的原因很多，如管道破裂或塌陷、砖头石块、接口处脱节、暗井、管道变形等都会阻拦爬行器的行驶，有时爬行器还会卡在缺陷处无法摆脱。遇此情况，通常可从另外一端检查井再次进入管道内拍摄，尽可能让受检管道影像资料完整。若再次受阻，则只好放弃本次检测工作，等经过处理具备检测条件后再予以实施。

有时爬行器能够行驶，但获取不了符合标准的图像。摄像头进入水面以下、镜头上沾有水沫或泥浆、管道内充满雾气等情形都会使图像模糊或一片窗白。出现这一情况时，应立即终止检测，退回检测爬行器，采取有效措施，如擦拭镜头、高压水冲洗和鼓风等，直到满足 CCTV 检测作业条件后再进行检测。

（2）QV 检测。

A. 拍摄准备。设置安全路锥，打开井盖，目测管口中心点至井底的距离，调整支撑杆至合适高度打开设备电源进行自检，检查各项控制功能是否有效，图像质量是否清晰。调整手持杆的长度，使之和井深相匹配。

B. 拍摄标志物。选定检查井周边可视范围内的固定参照物作为标志物，将此作为起始拍摄点，启动录制按钮后，将 QV 摄像头放到井下拍摄位置，保持不间断摄像，直至拍摄结束。标志物一般能准确辨认，可选择建筑物、大门、桥体、广告牌、门牌号等固定物体和标记，市政道路上行树、电线杆、桥墩等容易重样，不宜作为标志物。若遇到周围空旷无参照物的情况，则可以用油漆在检查井附件合适的位置写明该井编号，拍摄该编号即可。

C. 拍摄录像。将摄像头摆放在管口并对准被检测管道的延伸方向。当水位低于管道直径 1/3 位置或无水时，镜头中心应保持在被检测管道圆周中心。当水位不超过管道直径 1/2 位置时，镜头中心应位于管道检测圆周中心的上部。根据画面的清晰度，调节灯光亮度，通常拍摄近距离画面时，光照度要调低，反之则要调高。

拍摄管道内部状况时，通过拉伸镜头的焦距，连续、清晰地记录镜头能够捕捉的最大景深的画面。拍摄时，变动焦距不宜过快。拍摄缺陷时，应保持摄像头静止拍摄 10 s 以上。典型的 QV 操作面板如图 6-21 所示。

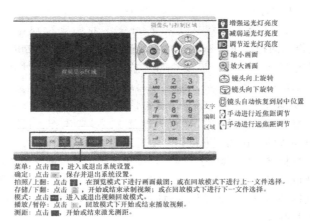

图 6-21　QV 控制面板

D. 拍摄终止。QV 的拍摄纵深通常受管道内干净程度、阴晴天光线及管径等因素的影响，拍摄的纵深往往达不到设备厂商所提供的数据（通常是 80 m），这时，就有可能检测不到原计划的管段，只能终止拍摄，或者换一座检查井从反方向拍摄。

和 CCTV 一样，摄像镜头自身的脏物和管道内雾气都有可能造成摄像质量不高或完全成废片，所以必须暂时停止拍摄，待处理好条件具备后再拍。

6.2.4　缺陷判读与表达

（1）缺陷规模。

缺陷规模是指缺陷在管道内所覆盖面积的大小，它有 4 种形态，分别为点、线、面和立体。点状缺陷通常是指纵向延伸长度不大于 0.5 m 的缺陷，环向长度可不必考虑，常见的有渗漏、密封材料脱落等。线状缺陷通常是指纵向延伸长度大于 0.5 m，且边界清晰而又呈线状的缺陷，常见的有裂纹。相对线状缺陷而言，面状缺陷边界一般比较模糊，形状不规则，表现出成片的状态，比较典型的有腐蚀、结垢等。立体状的缺陷一般是指管道内的堆积物，如淤积、障碍物等。

（2）空间位置表达。

如图 6 - 22 所示，缺陷定位和规模是通过对其空间位置的表达而展现出来的。缺陷沿管道轴线方向延伸的起止点位置及延伸距离的确定称为纵向定位。纵向定位数据的准确性至关重要，它关系到今后整改对象所在位置的准确度，出现偏差会带来重大经济损失，如在开挖修复时，开挖区域未发现缺陷所在，造成不必要的浪费。CCTV 设备自动获取的纵向距离有时存在较大误差，为了避免这一错误的产生，通常的做法是先在线缆上做好刻度标记，检测过程中随时和显示的距离数值校核，若发现差异较大，则应予以修正。对于已录制好的影像资料，应该测量出修正值并予修正，保证最后成果准确无误。纵向定位距离的最小单位是 0.1 m，其精度通常要求在［-0.5 m，0.5 m］以内。也有的国家规定更高，如新西兰就规定显示的摄像机位置精度范围为［-2%，2%］、［-0.3 m，0.3 m］。

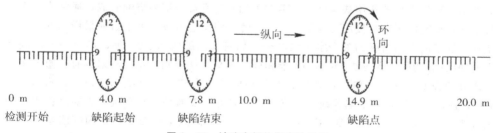

图 6 - 22　缺陷空间位置表达示意

缺陷沿圆周方向分布的起止位置及覆盖范围的确定称为环向定位。国际上通常将缺陷的环向位置以时钟的方式用四位数字来表达，称之为时钟表示法，我国也采用这种方法。前两位数字表示从几点开始，后两位表示到几点结束。如果缺陷处在某一点上（通常不会超过 1 h 的跨度）就用"00"代替前两位，后两位数字表示缺陷点位。最小记录单位都为正点小时。示例如图 6 - 23 所示。环向定位的精度要求比纵向定位的要求低，原则上不出现完全象限型的错误都能满足今后整改的要求。用时钟表示法确定的环向位置是记录缺陷的重要参数之一，必须填写在现场缺陷记录表中。

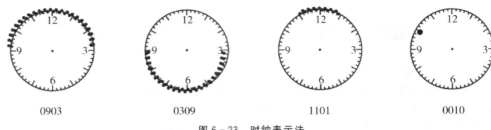

| 0903 | 0309 | 1101 | 0010 |

图 6-23　时钟表示法

不同的缺陷规模（覆盖范围）记录的要求是不一样的，详细要求见表 6-5。

表 6-5　缺陷规模记录要求

缺陷规模	纵向起点刻度	纵向止点刻度	环向时钟起点	环向时钟止点
点状缺陷	记录	不记录	记录	不记录
线状缺陷	记录	记录	记录	不记录或记录（变化大于 1 h）
面状缺陷	记录	记录	记录（变化大于 1 h）	记录
立体缺陷	记录	记录	记录或记录高度	记录或记录高度

（3）缺陷代码。

在很多国家，几乎所有缺陷代码都是针对 CCTV 检测方式的，我国规程规定采用其他方式检测出的缺陷也可用相应代码记录。为便于现场快捷记录和计算机管理，在一个国家或一个城市通常规定一套统一的缺陷代码标准，这样做还可以实现信息互通和数据共享。比较常见的是用缺陷种类的英文单词或拼音首个字母搭配而成，通常为数个字母组成，也有的国家直接用当地语言简单表述。我国上海等地方上目前采用的编码原则是缺陷汉字的汉语拼音的首个字母的结合，如腐蚀的编码为 FS。编码的另一条原则是不同缺陷（有的国家含等级）的编码不能相同，即唯一性原则。每种缺陷都有轻重或者大小之分的程度，以中国和丹麦为代表的代码标准是在各大类型缺陷代码下，再分 1～4 级，在代码中不体现缺陷等级。以英国和欧盟为代表的是代码直接代表缺陷种类和缺陷等级，分为四级（如 A、B、C、D）或者三级。在缺陷形式方面，中国等国家的代码不再进行细分，而英国等依据缺陷的走向及分布现状进行细分。英国和欧洲一些国家在欧盟标准体系中，除了有和中国、丹麦等相同缺陷种类，还针对管材的特点，增加了部分缺陷代码，如砖块损失、砂浆脱落、焊接开裂等。表 6-6 中列举了部分缺陷的中国、英国和欧盟等国家或组织的代码符号。

表 6-6　部分典型缺陷代码对照表

类型	细分名称	英国	欧盟	中国	丹麦	注释
破裂	纵向裂纹	CL	BAB.B.A	PL	RB	管道由于外力、自身质量及管龄超期等发生破裂。一般表现形式为纵向、环向和复合向。在欧盟标准里，还增加了表面裂纹的环、纵、复合和螺旋等 4 个代码，即 BAB.A.A（B/C/D）。破裂是管道结构性病害中最重要的一类，在很多国家标准中，分类都较其他缺陷详细
	环向裂纹	CC	BAB.B.B			
	复合向裂纹	CM	BAB.B.C			
	纵向裂口	FL	BAB.C.A			
	环向裂口	FC	BAB.C.B			
	复合向裂口	FM	BAB.C.C			
	破裂变形	B	BACA			
	破裂空洞	H	BAC.B			
	坍塌	—	BAD.D			
错口	中度	JDM	BAJ.A	CK	FS	接口处的垂直于轴向的位移。中国标准将竖向位移称为起伏
	重度	JDL		QF		
脱节	中度	OJM		TJ	AS	接口处的沿轴向位移。其实有时是水平和竖向位移同时出现
	重度	OJL				
腐蚀剥落	重度	SSL	BAF.B	FS	KO	我国称为腐蚀，有的国家称为剥落。腐蚀实际是原因，剥落是结果
	中度	SSM				
	轻度	SSC				
树根	大量	RM	BBA.C	SG	RO	—
	少量	RF	BBA.B			
渗漏	滴漏	ID	—	SL	IN	渗漏是 CCTV 所拍摄到的现象，它出现只表明管道不严密，但不严密的管道不一定有渗水现象
	涌漏	IR				
	喷漏	IG				
结垢	轻度	EL	—	JG	UF	结垢是黏附在管壁上的各类硬性或软性有机物或无机物。有时去除比较困难
	中度	EM	BBA.A			
	重度	EH				
沉积	碎片	DE	BBC.B	CJ	AF	沉积的特点是易移动的且一般在管道下半部形成。通常有软质和硬质两类
	淤泥	DES	BBC.A			
	油脂	DEG	BBB.B		AL	
支管	暗接	CXI	BAG	AJ	—	接入不规范

（4）缺陷判读。

无论是在现场通过监视器实时查看，还是在室内以正常播放速度观看影片，发现缺陷，必须仔细判读，对照规范上标准图片，确定代码和等级，剪截典型画面并储存记录，一般来说，一处缺陷表述主要由以下几部分组成（图 6-24）：

A. 基本信息：测检地点、道路名称、管段信息、检测时间和缺陷距起点距离等。

B. 缺陷标注：详细标出缺陷在图片中的位置。

C. 代码和等级：判定出缺陷的代码和等级。

D. 环向位置：通过时钟表示法确认。

录像文件	八里湖新区雨污水管网维修改造工程（清淤）_WSD1_WSD2_九江八里湖新区安居路_20220216125725.mp4	起始井号	WSD1	终止井号	WSD2
敷设年代	—	起点埋深	3.1 m	终点埋深	3.1 m
管段类型	污水管道	管段材质	HDPE双壁波纹管	管段直径	600 mm
检测方向	逆流	管段长度	47.38 m	检测长度	47.38 m
修复指数	7.75	养护指数	—	检测人员	Bill
检测地点	安居路			检测日期	2022-02-16
距离	缺陷名称代码	分值	等级	管道内部状况描述	照片
1 m	（BX）变形	10	4	结构性缺陷，环向0903位置	1
6 m	（PL）破裂	2	2	结构性缺陷，环向1112位置	2
备注信息					

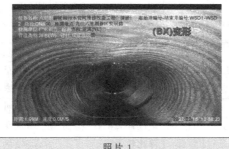

照片1	照片2

图 6-24　CCTV检测缺陷判读截图

相比于 CCTV 检测，QV 检测图片中出现的信息相对较少，通过图片只能大概地看出管道可视范围内存在的缺陷。

6.3　评　　估

评估是根据排水管道缺陷、环境、影响范围及整改难度等实际情况，采取事先规定好的标准模式，对管道结构或运行养护等状况进行评价估量，从而为排水管道的修复和养护等工作提供指引。也有不少国家在对管道结构状况或运行状况评估时，不考虑环境和影响范围等其他因素，只进行分级、记录和评估管道本身的缺陷，至于此缺陷影响面有多广，影响程度有多大，一律不加以考虑。我国现在的评估还是"就事论事"，即以 CCTV 拍摄到的现实影像为依据，评估缺陷对当下的危害程度。在个别发达国家，排水管道的预期评估已开始进行研究或者用于实践，它在现有评估的基础上，增加了壁厚、粗糙度和管材疲劳测定的内容，从而实现对管道生命周期的预评估。归纳当今世界上评估体系，主要有积分法、评分法、权重法和简易法。

6.3.1　积分法

积分法最具代表的国家是英国，我国的香港地区也采用这一评估模式。它是将每一个缺陷对照标准图确定属性和程度，查出相对应的分值，然后做简单相加，以最后积分的多少来评估管道的现状。同一缺陷点（纵向延长小于 0.1 m）上多种缺陷的分值累加。英国水研究中心于 1980 年颁布了《排水管道状况分类手册》，目前该手册已发行至第五版。该手册将管道内部状况分为结构性缺陷、功能性缺陷、建造性缺陷和特殊原因造成的缺陷。CCTV 检测主要关注结构性缺陷和功能性缺陷。该手册将结构性缺陷分为管身裂痕、管身裂缝、脱节、接头位移、管身断裂、管身穿孔、管身坍塌、管身破损、砂浆脱落、管身变形、砖块位移、砖块遗失等 12 项；将功能性缺陷分为树根侵入、渗水、结垢、堆积物、堵塞、起伏蛇行等 6 项。以结构性缺陷为例，各种类型和等级的缺陷分值见表 6-7。通过查表计算得出以下数据：①管段的最高分数；②管段的总分数；③各检查井井段的平均分数（合计分值/井段数）。依据各管段的最高分数所属的分数范围划分 5 个状况级别。划分标准见表 6-8。

表 6-7　非砖砌结构性缺陷点分值

缺陷	编码	特征	分数
脱节/开口	OJM	小于管壁厚度	1
	OJL	略小于管壁厚度	2
		从开口可以见到土壤	165
错口	JDM	小于管壁厚度	1
	JDL	略小于管壁厚度	2
		可见土壤	80
裂纹	CC	环向	10
	CL	纵向	10
	CM	复合向	40
		螺旋形	40

续表6-7

缺陷	编码	特征		分数
裂缝	FC	环向		40
	FL	纵向		40
	FM	复合向		80
		螺旋形		80
断裂	B			80
孔洞	H	覆盖范围<1/4周长		80
		覆盖范围≥1/4周长		165
塌陷	无	×		165
剥落	SSC	轻度		5
	SSM	中度		20
	SSL	重度		120
磨损	SWS	轻度		5
	SWM	中度		20
	SWL	重度		120
密封环侵入	无			5
维修不彻底	无	覆盖范围<1/4		80
		覆盖范围≥1/4		165
焊接开裂(塑料)		纵向		40
		环形		40
		螺旋形		80
焊接开裂(钢)		纵向		10
		环向		10
		螺旋形		40
变形	D	0~5%		20
		6%~10%		80
		>10%		165

表6-8 结构状况分级标准

分级	最高分数
1	<10
2	10~39
3	40~79
4	80~164
5	≥165

6.3.2　评分法

评分法是将影响养护作业的缺陷种类和程度按一定标准设定为 0～10 分，分值越大表明缺陷严重程度越高，养护作业难度越大。在英国等欧洲国家，影响养护作业的缺陷评估(类似我国功能性评估)采取评分法这一模式。各种缺陷点的分值详见表 6-9。

表 6-9　作业难度缺陷分值一览

类型	欧洲编码	英国编码	特征	缺失比例/%	分数
根	BBA. B	RF	聚集	<5	1
	BBA. A	RT		5～20	5
	BBA. C	RM		20～50	2
				50～75	4
				>75	10
疤/比例	BBA. A	EL/ESL	轻	<5	1
		EM/ESM	中	5～20	2
		EH/ESH	重	>20	5
瓦砾和淤泥	BBC. A	DES	瓦砾或淤泥	<5	1
	BBCB	DE		5～20	2
				20～50	5
				50～75	8
				>75	10
油脂	BBBB	DEG	油脂	<5	1
				5～20	2
				20～50	5
				50～75	8
				>75	10
插入侧管	BAG	CNI	插入部分占直径的百分比	<5	1
				5～20	2
				20～50	5
				50～75	8
				>75	10
侵入密封材料（环）	BAI. A. A	—	未侵入	—	1
	BAI. A. B		中心以上吊环		5
	BAI. AC		中心以下吊环		8
	BAI. AD		断裂		2

续表6-9

类型	欧洲编码	英国编码	特征	缺失比例/%	分数
侵入密封材料（其他）	BAI. B	—	其他密封	5	1
				5～20	2
				＞20	5
堵塞	BBE	OB	—	&	10

查表6-9得出每个缺陷点的分值后，将纵向缺陷不超过1 m的分值相加，计算出管段最高分值和平均分值（总分值/段数），依据表6-10，可评估被检测管段和区域的作业养护作业难度。作业难度共分为5个级别。其中，1级表示管道通畅状况很好，几乎不用养护，无作业难度；5级表示状况很差，作业难度极高。

表6-10　作业难度分级标准

级别	最高分数	平均分数
1	＜1	＜0.5
2	1～1.9	0.5～0.9
3	2～4.9	1～2.4
4	5～9.9	2.5～4.9
5	≥10	≥5

6.3.3　权重法

权重法是通过对照标准图查取各种缺陷及等级的单位权重，乘以缺陷的体量，再加入相关因子的累加，按规定的方程式计算出一个0～10的数值，这个数值称为修复指数（RI）或养护指数（MI），数值越大表明缺陷越严重，需要处置的紧迫度越强烈。丹麦是最早采用这种模式的国家，其在1987年9月份出版了第二版《排水管道电视检测标准定义及图样》，该标准中排水管道评估体系主要对CCTV检测结果进行了分析评价，主要包括对管道各种缺陷标准的定义、缺陷部分的电视检测图样以及修复指数的确定。上海市于2005年发布的《上海市公共排水管道电视和声呐检测技术规程》采用了这种评估体系。

（1）缺陷种类和等级。

以丹麦为例，管道缺陷的严重程度分成四个级别，1、2、3、4分别代表轻微、中等、严重和重大，0代表该项指标正常，详见表6-11。

表 6-11 缺陷类型及等级数(丹麦)

缺陷类型	缺陷名称	等级	解释
结构缺陷	裂缝	1~4	1:裂纹;2:裂口;3:破碎;4:坍塌
	变形	1~3	1:小于 5%;2:5%~15%;3:大于 15%
	接口错位	1~4	CCTV 图像呈"半月形"。1:轻度错位,少于管壁厚度的 50%;2:中度错位,处于管壁厚度的 50%~100% 之间;3:严重错位,错位为管壁厚度的 1~2 倍;4:错位为管壁厚度的 2 倍以上
	脱节	1~4	1:轻度脱离,脱离少于管壁厚度的 50%;2:中度脱离,处于管壁厚度的 50%~100% 之间;3:严重脱离,脱离为管壁厚度的 1~2 倍;4:脱离为管壁厚度的 2 倍以上
	胶圈脱落	1~4	1:可以看见接口材料,但并不妨碍流量,时钟盘小于 1 h(15°);2:接口材质在管道内水平方向中心线上部可见,时钟盘多于 1 h(15°);3:接口材质或部分材质可在管道内水平方向中心线下部可见;4:悬挂在管道底部的橡胶圈会造成运行方面的重大问题
运行缺陷	树根	1~3	1:小部分横截面;2:中部分横截面;3:大部分横截面
	渗漏	1~3	1:渗漏/滴水,在管道内发生渗漏/滴水,可以在管壁上观测到;2:流水,水持续从故障点流出或因压力而发生喷射现象;3:带压水,水从故障点涌出或大量喷射出来
	结垢	1~3	1:小部分横截面;2:中部分横截面;3:大部分横截面
	淤积	1~3	1:小部分横截面;2:中部分横截面;3:大部分横截面
	腐蚀	1~4	1:轻度,管壁稍受影响且暴露出混凝土的细砾;2:中度,混凝土的细砾明显暴露;3:重度,混凝土的细研完全暴露,开始出现裂缝;4:严重,管道被完全侵蚀/侵腐
	水潭、水洼	—	管道内的水无流量,呈停滞状态,表明垂直方向的接口未校准或管道已开始阻塞。应按实际水深占管道内径的百分比记录充满度
	障碍物	1~3	管道内坚硬的杂物会降低管道的流量,如石头、柴枝、树枝、被遗弃的工具、破损管道的碎片等。1:在检测中,除去障碍物体(除去管道内的物质);2:在检测后,障碍物体仍位于管道内,但改变了方位;3:在检测后,障碍物体仍位于相同方位,未发生变化且仍影响管道内的水流量。应在备注栏内记录障碍物体的类型及横截面面积的缩减比率。在检测中坚固的障碍物体变得较为松软时,应定义为等级 2

续表 6-11

缺陷类型	缺陷名称	等级	解释
特殊缺陷	预制暗接口	0~3	0：正确的侧向连接；1：侧向连接的小缺陷；2：侧向连接的中部缺陷；3：侧向连接的重大缺陷
	凿洞暗接口	0~4	0：正确凿开侧向连接；1：凿开侧向连接所发生的缺陷或支管强行连接主管直径达 10%~20%；2：凿开侧向连接的中间缺陷或支管强行连接主管直径达 10%~20%；3：凿开侧向连接的重大缺陷或支管强行连接主管直径 20%以上；4：支管接触到主管
	轴线不重合	1~3	管道的中心线偏离 2 个人井之间的设计直线。1：小部分未校准，也就是指小于 11.25°；2：中部分未校准，也就是指处于 11.25°及 22.5°；3：大部分未校准，也就是大于 22.5°，应用时钟盘来表示中心线的方向性改变

（2）权重。

权重是一个相对的概念，针对某一指标而言。某一指标的权重是指该指标在整体评价中的相对重要程度。权重是要从若干个缺陷评价指标中分出轻重来，一组评价指标体系相对应的权重组成了权重体系。权重数值一般采取主次指标排队分类法和专家调查法来确定，即根据缺陷影响大小先进行排队，然后专家调查考核，最终设置权重。权重的设置具有明显的地区性特点，某种缺陷在有的地区很严重，但在另外的地区就未必。因此，在制定标准时，必须结合各地方的环境特点，确定较适宜的权重指标。表 6-12 和表 6-13 分别列出了丹麦和上海的缺陷类型和等级相对应的权重指标。

表 6-12　缺陷等级及权重体系一览（丹麦）

缺陷	缺陷等级及权重				计量单位
	1	2	3	4	
裂缝/断裂	0.20	1.00	4.00	12.00	个（环向）或米（纵向）
变形	0.10	0.50	2.00	2.00	个（环向）或米（纵向）
接口错位	0.15	0.75	3.00	9.00	个
脱节	0.15	0.75	3.00	9.00	个
胶圈脱落	0.15	0.75	3.00	3.00	个
树根侵入	0.15	0.75	3.00	3.00	个
渗漏	0.15	0.75	3.00	9.00	个
结垢	0.05	0.25	1.00	1.00	米
淤积	0.15	0.75	3.00	3.00	个（点）或米（纵向）
腐蚀	0.15	0.75	3.00	9.00	米

续表 6-12

缺陷	缺陷等级及权重				计量单位
	1	2	3	4	
洼水	0.01	0.05	0.20	0.60	米
障碍物	0.00	1.00	1.00	1.00	个
油脂	0.05	0.25	1.00	1.00	个
预制暗接	0.05	0.25	1.00	1.00	个
凿洞暗接	0.05	0.25	1.00	3.00	个
蛇形	0.05	0.25	1.00	1.00	个

表 6-13　结构性缺陷等级及权重体系一览(上海)

缺陷代码(名称)	缺陷等级及权重				计量单位
	1	2	3	4	
PL(破裂)	0.20	1.00	4.00	12.00	个(环向)或米(纵向)
BX(变形)	0.10	0.50	2.00	—	个(环向)或米(纵向)
CW(错位)	0.15	0.75	3.00	9.00	个
TJ(脱节)	0.15	0.75	3.00	9.00	个
SL(渗漏)	0.15	0.75	3.00	9.00	个或米
FS(腐蚀)	0.15	4.75	9.00	—	米
JQ(胶圈脱落)	0.05	0.25	1.00	—	个
AJ(支管暗接)	0.75	3.00	9.00	12.00	个
QR(异物侵入)	0.75	3.00	9.00	—	个

(3)修复指数计算。

修复指数(RI)是范围为 0~10 的一个数值,通常表示为小数点后一位数,数值越大表明修复的紧急程度越高,反之则越低。RI 的计算方法遵循下列方程式:

$$RI = F \times f + D \times d + K \times k + E \times e + G \times g + \cdots \qquad (6-1)$$

式中,F,D,K,E,G 等是范围为 0~10 的参数;f,d,k,e,g,…为管道本身缺陷及其他影响修复紧急程度因素的权重,总和为 1。其中,结构性参数下按以下公式计算:

$$F = 0.25 \times S \, (S < 40) \qquad (6-2)$$

$$F = 10 \, (S > 40) \qquad (6-3)$$

式中,损坏状况系数 S 按以下公式计算:

$$S = 100 \times (P_1 \times L_1 + P_2 \times L_2 + \cdots + P_n \times L_n)/L \qquad (6-4)$$

式中,L 为被评估管道的总长度(单位:m);L_n 为第 n 处缺陷的纵向长度(单位:m),以个为计量单位时,1 个相当于纵向长度 1 m;P_n 为第 n 处缺陷权重,查权重体系表获得；n 为结构缺陷总个数。

A. 丹麦的 RI 计算方法。在丹麦，多数城市采用的 RI 计算公式为：

$$RI = F \times 0.7 + D \times 0.1 + K \times 0.2 \text{ 或 } RI = F \times 0.7 + D \times 0.1 + E \times 0.2 \quad (6-5)$$

式中，F 是数值小于等于 10 的管道物理结构性参数，它代表着管道自身结构的好坏。参数 D 显示管道的运行状况。CCTV 检测报告中的评估及建议是以管道的实际运行状况为基础而得出的。以下为参数 D 的数据解释：①$D = 10$，严重故障的管道；②$D = 6$，重大故障的管道；③$D = 3$，小故障的管道；④$D = 0$，无故障的管道。

参数 K 显示交通、购物、商业等场所的分布状况。此部分的信息作为数据采集站中资料库的一部分。以下为参数 K 的数据解释：①$K = 10$，主要为购物、商业及旅游区域；②$K = 6$，主要为大道，其他为购物及商业区域；③$K = 3$，其他主要街道；④$K = 0$，所有其他区域。当 $F < 4$ 时，可以理解为 $K = 0$，因为此时管道发生坍塌的可能性非常小。

参数 E 显示排水管道所服务区域的大小，可取决于若干因素，但主要取决于管道直径。例如：①$E = 10$，管道直径大于 1500 mm；②$E = 6$，管道直径为 1200～1400 mm；③$E = 3$，管道直径为 900～1100 mm 之间；④$E = 0$，管道直径小于 900 mm（管道直径规格一般以 100 mm 递增）。当 $F < 4$ 时，可以理解为 $E = 0$。

养护指数的计算方式和修复指数相类似。

B. 上海的 RI 计算方法。上海于 2005 年借鉴丹麦的评估模式，制定了《排水管道电视和声呐检测规程》，将结构和功能分开进行评估，即计算修复指数（RI）和养护指数（MI），这与丹麦的做法稍有不同：

$$RI = 0.7 \times F + 0.1 \times K + 0.05 \times E + 0.15 \times T \quad (6-6)$$

式中，K 为地区重要性参数；E 为管道重要性参数；T 为管道周围土质影响参数。结构性缺陷参数 F 按式（6-7）或式（6-8）计算，其他参数可查表 6-14。

$$F = 0.25 \times S (S < 40) \quad (6-7)$$

$$F = 10 (S \geqslant 40) \quad (6-8)$$

式中，损坏状况系数 S 按下式计算：

$$S = \frac{100}{L} \sum_{i=1}^{n_i} P_i L_i \quad (6-9)$$

式中，L 为被评估管道的总长度（单位：m）；L_i 为第 i 处缺陷纵向长度（单位：m），以个为计量单位时，1 个相当于纵向长度 1 m；P_i 为第 i 处缺陷权重，应查表 6-13 获得；N_i 为结构缺陷处总个数。

表 6-14　K、E、T 值一览

K、E、T 值	K 值适用范围	E 值适用范围	T 值适用范围
10	中心商业及旅游区域	$D \geqslant 1500$ mm	粉砂层
6	交通干道和其他商业区域	$1000 \text{ mm} \leqslant D < 1500 \text{ mm}$	—
3	其他行车道路	$600 \text{ mm} \leqslant D < 1000 \text{ mm}$	—
0	所有其他区域或 $F < 4$	$D < 600$ mm 或 $F < 4$	一般土质或 $F = 0$

MI 的计算模式和 RI 几乎一样,上海市地方标准《排水管道电视和声呐检测评估技术堆积》(DB31/T 444—2022)中有明确表述。

6.3.4　简易法

简易法不同于上面叙述的方法,通常用文字或简单字母来描述缺陷种类及严重程度,而不是用数值表达,有代表性的国家或地区有日本和中国台湾地区。日本于 2003年 12 月颁布了《下水管道电视摄像调查规范(案)》。日本的一些下水道团体或公司也有自己的检测标准。例如,日本下水道事业团技术开发部收集和统计了日本 13 个大都市的下水道管道损坏程度的评定方法,并编写了《下水道管道设施更新手册调查》(1994年)。调查发现各都市评定方法不一,以其中一个都市污水下水道管道缺陷判定基准为例,评定方法分为管道腐蚀磨耗、管道破损、管道裂痕、起伏、下沉、蛇行、接合不良、附着硬块、混凝土、浸入水及支管突出等项目。依据污水管损坏程度分三级进行比较,评定标准内容见表 6 - 15。

表 6 - 15　管道状况的调查及评定

编号	异常项目	等级	状况
1	管腐耗磨	A	管材的 1/3 以上突出
		B	管材的 1/3 未满露出
		C	管材表面露出
2	管道破损	A	管道破损、歪斜、剥落
		B	网状裂痕,即将破损
		C	纵断方向裂痕
3	管道裂痕	A	全圆周
		B	半圆周
		C	半圆周以下
4	起伏、下沉、蛇形	A	管径的 1/2 以上
		B	管径的 1/10 以上且 1/2 未满
		C	管径的 1/10 未满
5	接合不良	A	10 cm 以上
		B	5 cm 以上,10 cm 以下
		C	5 cm 以下
6	附着硬块、混凝土	A	管径的 1/2 以上
		B	管径的 1/10 以上且 1/2 未满
		C	管径的 1/10 未满

续表 6 - 15

编号	异常项目	等级	状况
7	浸入水	A	喷出
		B	流出
		C	渗出或水垢
8	支管突出	A	管径的 1/2 以上
		B	管径的 1/10 以上且 1/2 未满
		C	管径的 1/10 未满

另外，日本下水道协会《下水道设施维护管理计算要领——管道设施编》(1993 年)，针对污水下水道管道缺陷判定基准，分为管道破损、管道腐蚀、管道龟裂、接头破损、起伏蛇行、附着物、浸入水、支管突出及树根侵入等因素，依不同状况分三级进行，判定基准内容见表 6 - 16。

表 6 - 16 日本排水管道检测判定标准

项目		等级		
		A	B	C
管的破损	钢筋混凝土管	脱落 / 轴方向裂缝宽度：5 mm 以上	轴方向裂缝宽度：2 mm 以上	轴方向裂缝 宽度：2 mm 以下
	陶管	脱落 / 轴方向裂缝管长的 1/2 以上	轴方向裂缝管长的 1/2 以下	—
管的裂缝	钢筋混凝土管	圆周方向裂缝宽度：5 mm 以上	圆周方向裂缝宽度：2 mm 以上	圆周方向裂缝 宽度：2 mm 以下
	陶管	圆周方向裂缝长度在圆周长的 2/3 以上	圆周方向裂缝长度在圆周长的 2/3 以下	—
管的接缝滑动		脱落	陶管：50 mm 以上钢筋；混凝土管：70 mm 以上	陶管：50 mm 以下钢筋；混凝土管：70 mm 以下
管的腐蚀		钢筋外露	骨材外露	表面粗糙
管的起伏、蜿蜒		内径以上	内径的 1/2 以上	内径的 1/2 以下
灰浆附着		内径的 30% 以上	内径的 10% 以上	内径的 10% 以下
漏水		涌水	流动	渗漏
支管突出		支管内径的 1/2 以上	支管内径的 1/10 以上	支管内径的 1/10 以下
油脂附着、树根侵入		内径的 1/2 以上堵塞	内径的 1/2 以下堵塞	—

日本下水道事业团技术开发部将管道缺陷分为八类。每一类按照损坏程度不同，分成 3 个等级，即 A、B 和 C(表 6 - 17)。该做法只是提供了管道局部状况的描述方法，没有给出管道整体状况的评分体系；对损坏程度的描述是半定量的，对后续的修复方案的选择似乎未能提供直接的根据。日本下水道协会的做法与日本下水道事业团技术开发部类似，该做法增加了树根侵入这项功能性管道缺陷指标。

表 6 - 17　缺陷等级分类

等级	A	B	C
定久	需采取紧急措施	数年内需要采取措施	目前不需要采取措施

注：要根据不同的调查目的调整结果，如提高该项调查项目的等级(把 B 级作为 A 级)。

6.4　计算机辅助评估

6.4.1　概述

城市地下管网错综复杂、情况多变，检测工作量巨大、任务繁重，检测人员检测完管道后仍需编写大量的检测报告。因此，对检测报告成果进行综合管理，以方便公司和业主进行分析判断，引入计算机辅助判读技术是行业发展的必然趋势。

通过计算机辅助判读软件对管道 CCTV、管道潜望镜、声呐等检测设备所生成的视频录像文件进行播放预览、添加检测信息、截取缺陷图像、添加判读描述等，可将判读结果数据自动化生成为图文并茂的检测报告，还能提供电子地图查阅功能，可在电子地图中标注出检测作业点的位置，查看作业点对应的检测数据、判读信息、缺陷图片和检测视频。但是，目前的缺陷判读仍然需要人工判断其属性和等级，易造成信息误差，因此，如何提升缺陷判读准确性，降低人为因素对缺陷判断的干扰，是计算机辅助判读软件需要提升的方向。

6.4.2　功能特点

计算机判读软件一般具有以下功能：

(1)支持多种检测规程，包括中国行业标准、上海地标、广州地标、北京地标，以及中国香港标准和英国 WRC 编码体系。在支持多行业标准的同时，具备标准扩展性，在未来可方便地将国内外其他标准导入。

(2)在检测现场可以提供现场判读、现场报告功能。

(3)可在现场采集检测点的 GPS、管道基本信息、检测信息，以备后续数据的管理。

(4)提供电子地图结合检测管段的检测分布图和缺陷分布图。

（5）参照各种检测规程中附带的报告内容，制作相应的报告模板。模板一般包括以下内容：检测基本信息、工程量汇总、管道缺陷汇总、管道缺陷汇总电子地图分布图（需GPS坐标）、管段缺陷状况评估表、管段树形缺陷分布图、功能缺陷分类饼图、功能缺陷分类柱状图、管道坡度图、管道沉积状况纵断面图，以及最终的排水管道检测成果表（详图）等。

（6）提供数据和GIS系统的对接（已考虑输出的数据接口，能将检测成果和数据，结合GIS系统的数据结构，导入到排水GIS系统中）。以英国某公司软件为例，从网络菜单选择输入测量数据及输入Examiner CCTV数据后，显示Examiner输入对话框（图6-25）。

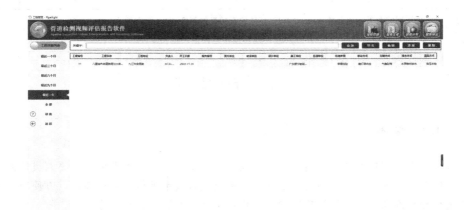

图6-25　CCTV数据导入管道判读软件

6.4.3　主要内容

（1）工程信息录入。

将需要检测工程的相关信息录入软件系统是使用辅助判读软件的第一步工作，录入的工程信息有工程名称、工程序号、选用的检测标准、工程地点和备注信息，所有的工程相关信息将保存在数据库中（图6-26）。

（2）检测信息录入。

录入顺序：首先将管道的检测视频导入判读软件录入检测地点及作业点的GPS经纬度、任务名称、检测单位、作业人员等；然后录入管段属性信息，包含被检测管道的类型、材质、管径、起止井号等（图6-27）。

图6-26　工程信息录入界面

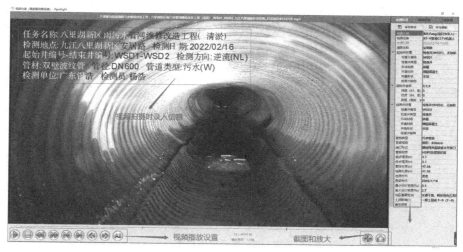

图 6 - 27　检测信息录入界面

(3)缺陷判读。

如图 6 - 28 所示,判读人员观看导入的检测视频,截取存在缺陷的管道视频画面,填写缺陷的开始和结束距离,通过动画选取缺陷的时钟描述,同时录入缺陷名称、等级和添加缺陷的文本描述,完成缺陷判读记录。

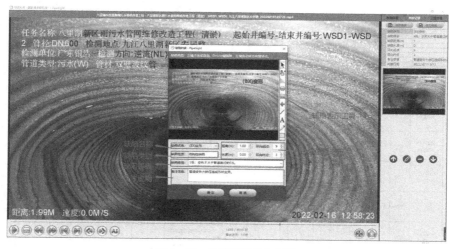

图 6 - 28　缺陷判读录入界面

(4)电子地图。

导入开始井和结束井的 GPS 坐标后,工作人员可以通过电子地图浏览(图 6 - 29),查看缺陷截图、缺陷距离、代码、名称等缺陷详细情况,随时调阅历史数据,数据管理方便直观。GPS 坐标可自动生成,也可手工输入。

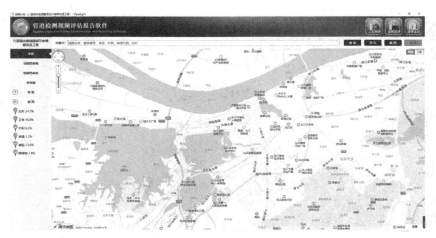

图 6-29　电子地图界面

（5）导出报告。

辅助判读软件一般提供 3 种导出方式，分别是 Excel 格式缺陷详表、Word 格式自动报表及用于对接 GIS 平台的 GIS 格式 ShapeFile 文件。

A. Excel 格式缺陷详表。将所有缺陷记录，包括检测信息、工程信息，全部导出到 Excel 格式的表格，以便后续进一步的处理（图 6-30）。

管段编号	管径(mm)	长度(m)	材质	埋深(m) 起点	埋深(m) 终点	结构性缺陷 平均值 S	结构性缺陷 最大值 Smax	结构性缺陷 缺陷等级	结构性缺陷 缺陷密度	结构性缺陷 修复指数 RI	结构性缺陷 综合状况评价	功能性缺陷 平均值 Y	功能性缺陷 最大值 Ymax	功能性缺陷 缺陷等级	功能性缺陷 缺陷密度	功能性缺陷 养护指数 MI	功能性缺陷 综合状况评价
WSD10~WSD10A	300	7.31	钢筋混凝土管	3.51	1.67	/	/	/	/	/	/	/	/	/	/	/	/
WSD10~WSD11	600	40.87	HDPE双壁波纹管	3.51	3.83	10.00	10.00	IV	0.02	7.75	(局部缺陷)管道存在重大缺陷,管道损坏严重或即将导致破坏,结构已经发生或即将发生破坏,应立即修复。	/	/	/	/	/	/
WSD10~WSD9	600	37.91	HDPE双壁波纹管	3.5	3.77	6.00	10.00	IV	0.11	7.75	(部分或整体缺陷)管道存在重大缺陷,管道损坏严重或即将导致破坏,结构已经发生或即将发生破坏,应立即修复。	/	/	/	/	/	/
WSD12~WSD11	600	81.8	HDPE双壁波纹管	3.8	3.83	3.83	10.00	IV	0.07	7.75	(局部缺陷)管道存在重大缺陷,管道损坏严重或即将导致破坏,结构已经发生或即将发生破坏,应立即修复。	/	/	/	/	/	/
WSD12~WSD13	600	18.12	HDPE双壁波纹管	3.8	3.81	/	/	/	/	/	/	2.00	2.00	II	1.66	1.60	(整体缺陷)管道过流有一定的受阻,运行受影响不大。没有立即进行处理的必要,但宜安排处理计划。
WSD1~WSD1A	50	9.99	塑料管	3.1	0.89	/	/	/	/	/	/	2.00	2.00	II	1.00	1.60	(整体缺陷)管道过流有一定的受阻,运行受影响不大。没有立即进行处理的必要,但宜安排处理计划。
WSD1~WSD2	600	47.38	HDPE双壁波纹管	3.1	3.1	6.00	10.00	IV	0.04	7.75	(局部缺陷)管道存在重大缺陷,管道损坏严重或即将导致破坏,结构已经发生或即将发生破坏,应立即修复。	/	/	/	/	/	/

图 6-30　缺陷明细打印输出样表截图

B. Word 格式自动报表。软件生成 Word 格式自动报表，报表中包括检测基本信息、工程量汇总、管道缺陷汇总、管道缺陷汇总电子地图分布图、管段缺陷状况评估表、管段树形缺陷分布图、功能缺陷分类饼图、功能缺陷分类柱状图、管道坡度图、管道沉积状况纵断面图，以及最终的排水管道检测成果表等（图 6-31、图 6-32）。

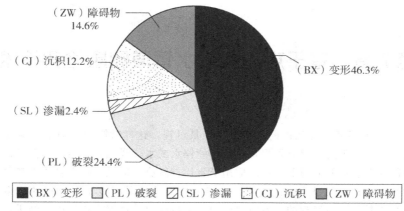

图 6-31　缺陷统计饼图、柱状图、统计表样式(一)

缺陷级别 缺陷数量 缺陷名称		1 级(轻微)	2 级(中等)	3 级(严重)	4 级(重大)	小计
		缺陷个数	缺陷个数	缺陷个数	缺陷个数	
结构性缺陷	(AJ)支管暗接	0	0	0	—	0
	(BX)变形	1	7	2	9	19
	(CK)错口	0	0	0	0	0
	(CR)异物穿入	0	0	0	—	0
	(FS)腐蚀	0	0	0	—	0
	(PL)破裂	3	6	1	0	10
	(QF)起伏	0	0	0	0	0
	(SL)渗漏	0	0	1	0	1
	(TJ)脱节	0	0	0	0	0
	(TL)接口材料脱落	0	0	—	—	0
功能性缺陷	(CJ)沉积	1	2	1	1	5
	(CQ)残墙、坝根	0	0	0	0	0
	(FZ)浮渣	0	0	0	—	0
	(JG)结垢	0	0	0	0	0
	(SG)树根	0	0	0	0	0
	(ZW)障碍物	2	3	1	0	6
合计		7	18	6	10	41

图 6-32　缺陷统计饼图、柱状图、统计表样式(二)

C. ShapeFile 输出。软件输出的数据为 GIS 通用格式，可兼容各种 GIS 平台。

第7章　基于声呐的排水管道健康检测技术

应用 CCTV 等检测方法的前提条件必须是可视，这样就限制了对被水淹没部分的管道检查。很多情形是管道必须保持运行不能停水或水位降低成本很大，但又需要了解管道的内部状况、这样的情形，虽能应用潜水检查解决，但风险较大且成本较高，这时利用声呐来进行检测就是不错的选择。但声呐检测的结果毕竟不是直观的管道内壁影像，很多缺陷是不能被发现的，有时也会出现一些假象，这就决定了声呐结果不能作为评估的直接依据，它只能用作粗略判断或某种有针对性的检测。声呐检测设备如图 7-1 所示。

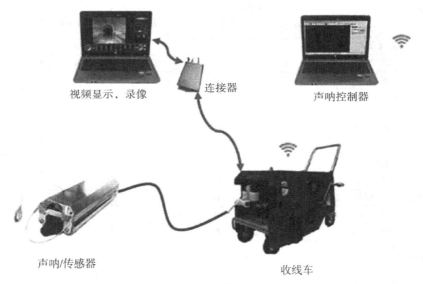

视频显示，录像　　连接器　　声呐控制器

声呐/传感器　　收线车

图 7-1　声呐检测设备

7.1　基　本　知　识

7.1.1　声呐检测的含义

声呐技术至今已有 100 多年历史了，它是 1906 年由英国海军路易思·尼克森所发明，利用声波在水下的传播特性，通过电声转换和信息处理，完成水下探测和通信任务。其类型有主动式和被动式。声呐是利用水中声波对水下目标进行探测、定位和通信的电子设备，是水声学中应用最广泛、最重要的一种装置(图 7-2)。能在水中进行观察和测量，具有得天独厚条件的只有声波，这是因为其他探测手段的作用距离都很短，光在水中的穿透能力很有限，即使在最清澈的海水中，人们也只能看到几十米内的物体。电磁波在水中也衰减太快，而且波长越短，损失越大，即使用大功率的低频电磁波，也只能传播几十米。然而，声波在水中传播的衰减就小得多，在深海声道中引爆 1 个质量为几千克的炸弹，在 20000 km 外还可以收到信号。低频的声波还可以穿透海底几千米的地层，由此得到地层中的信息。在水中进行测量和观察，至今还没有发现比声波更有效的手段。

图 7-2　声呐工作示意

　　声呐检测是指采用声波探测技术对管道内水面以下的状况进行检测的方法。声呐检测用于污水、雨水、合流的管道功能状况和部分结构缺陷的检测，现有设备适用管径范围在 300~6000 mm。管道声呐检测可用于在有水的条件下检查各类管道沟渠、方沟的缺陷、破损及淤泥状态等。但其结构性检测结果只能作为参考，必要时需要采用 CCTV 检测确认。

7.1.2　工作原理

　　用于排水管道检测的是主动声呐技术，它是指声呐主动发射声波"照射"目标，而后根据水中目标反射的回波时间及回波参数来测定目标的参数。主动声呐可用来探测水下目标，并测定其距离、方位、移动速度、移动方向等要素。主动声呐发射某种形式的声信号，利用信号在水下传播途中障碍物或目标反射的回波来进行探测。因为目标信息保存在回波之中，所以可根据接收到的回波信号来判断目标的存在，并测量或估计目标的距离、方位、速度等参量(图 7-3)。

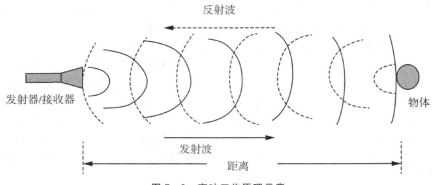

图 7-3　声呐工作原理示意

　　具体地说，可通过回波信号与发射信号间的时延推测目标的距离，由回波波前法线方向可推测目标的方向，由回波信号与发射信号之间的频移可推测目标的径向速度。此外，由回波的幅度、相位及变化规律可以识别出目标的外形、大小、性质和运动状态。主动声呐主要由换能器（常为收发兼用）、发射机（包括波形发生器、发射波束形成器）、定时中心、接收机、显示器、控制器等部分组成。如图 7-4 所示，其主要工作原理是先将电能转成声能，又再将回波转成电能并放大处理显示。

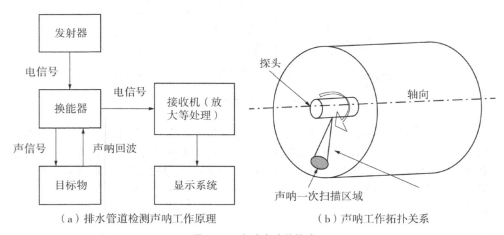

（a）排水管道检测声呐工作原理　　　　（b）声呐工作拓扑关系

图 7-4　主动声呐的构成

　　换能器是声呐中的重要器件，它是声能与其他形式的能（如机械能、电能、磁能等）相互转换的装置。它有 2 个用途：一是在水下发射声波，称为发射换能器，相当于空气中的扬声器；二是在水下接收声波，称为接收换能器，相当于空气中的传声器（俗称麦克风或话筒）。换能器在实际使用时往往同时用于发射和接收声波，专门用于接收的换能器又称为水听器。换能器的工作原理是利用某些材料在电场或磁场的作用下发生伸缩的压电效应或磁致伸缩效应。

　　排水管道声呐检测技术的工作原理是以脉冲发射波为基础，仪器内部装有步进电机和声呐聚焦换能器，利用步进电机带动换能器在排水管道中绕自身 360°旋转并连续发射声呐信号，发射信号的传播时间和幅度被测量并记录下来显示成管道截面图，通过观测截面图来判断水下情况。换能器和管壁或物体之间的距离可由反射信号的传播时间计算得到。计算公式如下：

$$d = \frac{vt}{2} \tag{7-1}$$

式中，v 为声波在污水中的传播速度，检测前从被检测管道中取水样装入已知尺寸的容器中实测得到；t 为信号传播时间；d 为距离。

换能器旋转一周仅需不超过 1 s，单波束锥角一般为 0.9°～1.5°。假设是单波束锥角 1.5°，以 1000 mm 口径的管道为例，其分辨率约为 6.5 mm，管径越大的分辨率越低。锥角越小，投射到目标物的"脚板印"也越小。

发射波幅度可以反映管道壁的各种特性。反射波信号能量的大小可以利用发射系数 R 来表示，表达式如下：

$$R = \frac{\rho_2 v_2 - \rho_1 v_1}{\rho_2 v_2 + \rho_1 v_1} \tag{7-2}$$

式中，ρ_1、v_1 为管道内污水密度和声波速度；ρ_2、v_2 为排水管道管壁的密度和声波速度。

由于声呐探头旋转速度为 360°/s，故通常的探测方式是，让声呐探头以较慢的速度通过管道，用声呐波束描绘管道内部一个螺旋圆周。声呐探头的移动速度取决于管道直径和需要探测的缺陷大小。对于一个给定的范围，总是采集 250 个样本，固定的范围对应固定的分辨率。例如，250 mm 范围时，纵向分辨率是 1 mm。管道内壁扫描区域大小取决于换能器波束角，即能量衰减 3 db 处角度。声呐探头波束角为 1.1°，因此 250 mm 范围时，波束直径为 4.8 mm；3000 mm 范围时，波束直径为 57.6 mm。

系统通过颜色区别声波信号的强弱，并标识出反射界面的类型（软或硬），默认使用"彩虹"颜色方案（图 7-5）。

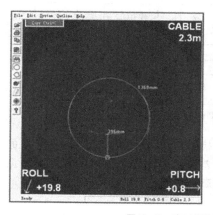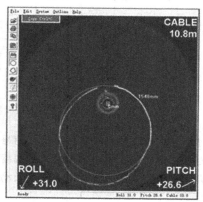

图 7-5　声呐"彩虹"颜色方案样图

7.1.3 设备组成

声呐设备是一套复杂的控制和数据采集以及处理系统，由主控制器（带有专用采集软件）、探头（又称为水下单元，附带漂浮承载器）和线缆盘组成。

（1）主控制器。

主控制器（图7-6）是整个系统的控制中心，通过USB接口接收计算机的控制命令，按照协议格式编码组成"命令包"发给探头。主控制器接收探头通过长距离电缆线传输上来的数据包。数据包中包括模拟信号和数字信号，经模拟开关电路判别后，数字信号按照协议格式解码，模拟信号经过信号调理后由模数转换芯片转换，数据经存储器缓冲后传输给微控制器，通过专有算法分析数据，剔除干扰杂波，得到有用数据，最后通过USB接口传输到计算机显示。主控制器数据采集及控制电路框图如图7-7所示。

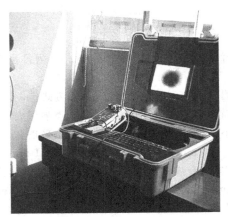

图7-6 主控制器

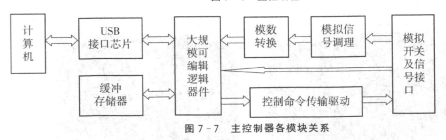

图7-7 主控制器各模块关系

排水管道声呐回波信号检测属于弱信号检测范围，并且随着管道口径大小的不同或管壁腐蚀破损程度的不同，回波信号的幅度差别很大，从微伏级到伏级，对数据采集系统特别是模数转换器的采样速度、精度及动态范围都有很高的要求。

（2）探头。

探头（图7-8）是整个传感器的集成体，包括声呐传感器、气压传感器、温度传感器、姿态传感器等。探头收到主控制器发送来的命令包后，按照协议格式解码执行命令，然后将采集到的数据（包括声呐信号、温度值、电压值、倾角值、滚动角值等编码）组成数据包发送给主控制器。探头数据采集及信号驱动电路的关系如图 7-9 所示。

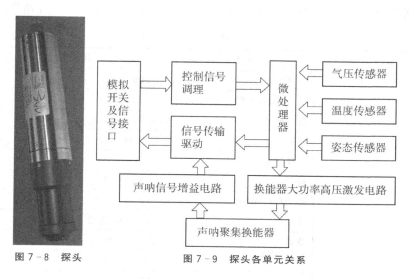

图 7-8　探头　　　　　　　　　图 7-9　探头各单元关系

（3）线缆盘。

线缆将探头和主控制器连接起来。为便于运输和检测，线缆一般都是缠绕在一柱形圆盘上，圆盘的滚动轴又安装在特制框架上（图 7-10）。

图 7-10　声呐线缆盘架

不同于 CCTV 的线缆盘，声呐的线缆盘都为手动，同样有记录距离的编码器，精度一般都能达到 0.1 m。为防止缠绕，线缆回收时，可利用手动排线器。多数厂商提供的线缆长度一般在 150 m 左右。

(4)技术要求。

我国及国际上通行的应用于排水管道检测声呐设备几乎都能满足表 7-1 所列的要求。

表 7-1 声呐技术设备要求

设备部件	项目	技术指标
探头	分辨率	≤5 mm
	反射范围(常规)	200~6000 mm
	反射波类型	圆锥形波
	脉冲长度	4 ~20 μs
	工作温度	0 ~40 ℃
	材质	一般为不锈钢
	最大操作深度	≤1000 m
	尺寸	<350 mm，直径<70 mm
	重量	一般小于 3 kg
线缆盘	长度	≥150 m
	最大衰减率	40 dB
	类型	一般为双绞线或者同轴电缆
主控制电脑	数据传输方式	USB 接口
处理器	软件	生成管道二维模型、生成管道平面图形、自动生成检测报表
	重量	一般为 0.2 kg
	工作温度	0~40 ℃
	湿度	20%~80%
	接头	满足 IEC 标准

7.1.4 应用范围

不是所有的缺陷都能被声呐所发现，一般来说，垂直于轴向且外轮廓变异类的缺陷容易被发现，如淤积、变形等，见表 7-2。

表 7-2 声呐检测缺陷对应表

结构性缺陷									功能性缺陷						
破裂	变形	错位	脱节	渗漏	腐蚀	胶圈	支管	异物	沉积	结垢	障碍	树根	洼水	坝头	浮渣
○	√	○	×	×	×	×	√	×	√	○	○	○	×	√	×

注："√"指适用；"○"指部分适用；"×"指不适用。

从声呐对应的缺陷可以看出，声呐对大多数结构性缺陷没有反映或不能最终确定，这样它的应用范围就受到限制，它常用于：①过水不畅时，断面损失位置的初步判断；②淤积深度的测量；③水面下管道连接位置的确认。

7.2　检　　测

7.2.1　工作流程

利用声呐检测排水管道，一般分为普查类和特种类。普查类包括养护质量的检测考评、淤积量的测量和实际平均过水断面测量等；特种类包括水流异常情形下的断面损失确认、水面下管道设施的分布等。工作流程如图 7-11 所示。

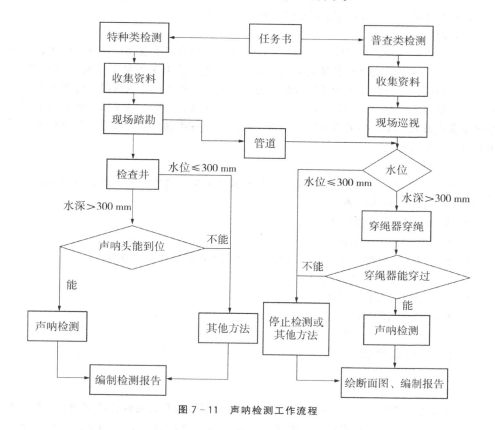

图 7-11　声呐检测工作流程

以声呐为检测方法，一般都是在 CCTV 无法实施的情形下的无奈选择。它是目的性极为明确的检测方法，所以在现场实施检测工作前，应该弄清楚检测的目的，根据需求，确定本次检测是针对哪种缺陷、查找哪类问题、求证哪些数据。不同检测目的，流程是不一样的。和 CCTV 不同，声呐检测前无须对管道采取任何措施的预处理，尤其在检查养护质量时，穿绳不宜采用高压射水头引导方式。

在整个流程中，前期摸清声呐检测能够实施的前提条件非常重要，如牵引绳能否从一个检查井穿至另一端检查井，水位和流速是否满足要求，等等。

7.2.2　检测准备

（1）资料收集。

接受任务后的第一件事就是收集检测范围内的排水管线资料，而排水管道分布图是最基本资料，常见的有 1∶500 和 1∶1000 大比例尺排水管线图，这些图有时和实地不符合，在下一步的现场踏勘中必须予以修正。管道以往的检测资料对正要进行的检测也具有参考价值，应该予以收集。待检测管道分时段的水位和流速等运行资料对制定施工方案非常有帮助，它直接关系到检测工作能否顺利进行。

（2）现场踏勘。

对照排水管线图，核对管径、井号、连接关系等检测基本信息，查看待检测管道区域内的地物、地貌、交通状况等周边环境，评估检测工作开展可能会出现的不利因素，确定施工的次序。开井检查管道的水位、检查井构造，用量泥杆或量泥斗检测水深和淤泥深度，根据检测数据确定管道内实际水的有效空间是否满足检测要求，因为声呐基本原理是靠声波在水中传播遇到固体后形成反射波，设备本身有一定尺寸，如果探头被淤泥淹没，声呐将失去信号。

（3）编制检测方案。

在现场踏勘后，依据委托方的要求，制订技术方案，技术方案的内容可根据任务的规模进行优化，方案内容通常包括：

A. 检测的任务、目的、范围和工期。

B. 检测方法与实施流程。

C. 作业质量、健康、安全、交通组织、环保等保证体系与具体措施。

D. 工作量及工作进度计划。

E. 人员组织、设备、材料计划。

F. 拟提交的成果资料。

7.2.3　现场检测

（1）穿绳。

在被检测的管段内穿入一根绳索，它被用作牵引漂浮筏移动或悬挂声呐头。绳索穿过被检测管段是能够实现声呐检测的前提，如果绳索无法穿过，声呐检测也就不能进行。穿绳方法通常采取高压射水头携带绳索和穿管器回拖绳索。前者需要高压冲洗车配合，耗费较高，但省工省时；后者则简单易操作，费用较低，但费工费时。

（2）设备校准。

检测前应从被检测管道中取水样，通过调整声波速度对系统进行校准。根据设备型号、功能的不同，校准可能包括线缆计米器的校准、信号强弱的调节。

（3）牵引。

牵引的方法有 2 种。一是将一根绳索固定在两井端，声呐探头悬挂在绳索上，用另一根绳索牵引探头缓慢从上游井向下游井移动（图 7－12），与此同时，专用软件在控制系统上记录下全程扫描过程，并间隔一定距离（或时间）记录管道横截面扫描图；二是将声呐探头固定于漂浮筒上（图 7－13），用绳索牵引漂浮筒完成上述过程。方法一的缺点在于声呐头本身较重，单纯绳索牵引，很容易使声呐头埋于淤泥之中而失去声呐反射信号。方法二以漂浮筏平衡了声呐探头的比重，可使声呐探头浮于管道顶部，便于获得稳定的反射信号，但要根据管径的不同选用适合的漂浮筒。

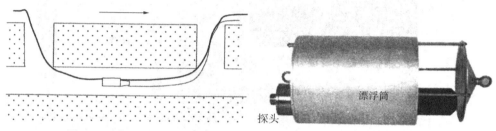

图 7－12　探头悬挂牵引　　　　图 7－13　浮筒承载探头牵引

（4）声呐检测。

声呐探头安放在检测起始位置后，在开始检测前，应将计数器归零，调整电缆使其处于自然紧绷状态，根据管径选择适合的脉冲宽度，调节达到最佳彩色的信号强度。

声呐检测应在满水或水位不少于 300 mm 的管道内进行。根据不同管径调整声呐信号的强度（脉冲宽度），以达到最佳反射画面。拖动牵引绳时应保持声呐探头的行进速度不能超过 0.1 m/s。拖动时注意探头应尽可能保持水平，防止几何图片变形失真。探头内自带有倾斜传感器和滚动传感器，可在 $[-45°, 45°]$ 范围内自动补偿。如果管道内水流速度较快，可能造成探头不稳定，超过自身补偿范围的可能造成画面变形，检测几何图形失真，此时要降低探头的行进速度，调整或更换更稳定的漂浮筒，保证检测画面的稳定性。

以英国某公司生产的声呐系统为例，其操作界面如图 7－14 所示。

运行声呐系统时，其主要操作信息如下：

A. 显示信息和布局。标题栏包括检测标题，该标题栏可在"system control"面板中编辑。菜单栏包含一组下拉菜单，用于提供整套的系统工具。工具栏有一组按钮，可快速便捷使用部分菜单工具。工具栏固定在显示区域的左边，当鼠标在按钮上停留时，按钮附近将显示对该按钮功能的描述，并且可以在状态栏查看更长更详细的描述。底部的状态条显示探头状态方位（倾角和转角）和已放电缆长度。状态条左边的文字区域是帮助区域，包含按钮简单说明或当前选择菜单的属性。声呐图像根据信号强度以极化图形式

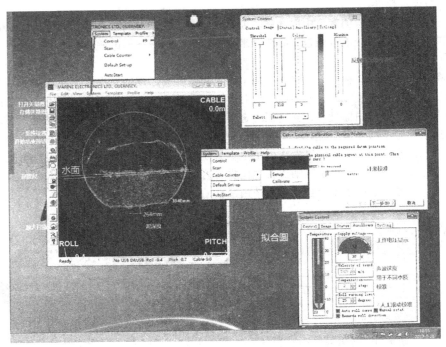

图 7 - 14　声呐系统的操作界面

显示，图像具有方向性，屏幕上方总是管道垂直向上的方向，这样当在"Auxiliary"中选择"roll correction"选项后，根据 roll 来修正图像的显示（图 7 - 15）。

B. 系统控制面板。系统控制面板提供大部分的探头控制和监控功能。控制面板包括以下 6 个页面，每个页面提供不同的功能。

a. 控制页面。控制页面包括范围调节、脉宽调节，以及扇区模式（图 7 - 16）。范围调节为 125～6000 mm（5～240 in），各个调节等级如下：125 mm、187 mm、250 mm、375 mm、500 mm、750 mm、1000 mm、1500 mm、2000 mm、3000 mm、4500 mm、6000 mm（5 in、7.5 in、10 in、15 in、20 in、30 in、40 in、60 in、80 in、120 in、180 in、240 in）。

上述范围对应于探头探测的范围，因此管径为 900 mm（36 in）的管道，如果要取得最好的显示效果，应该选择 500 mm（20 in）的范围。脉冲宽度就是换能器发射信号的宽度，以 μs 度量。以 4 μs 步长为始，从 4 μs 可调节至 20 μs，典型的脉宽和范围对应关系如下：4 μs 对应 125～500 mm，8 μs 对应 500～1000 mm，12 μs 对应 1000～1500 mm，16 μs 对应 1500～2000 mm，20 μs 对应 2000～6000 mm。

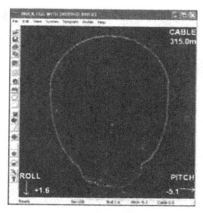

图 7 - 15　声呐系统信息和布局

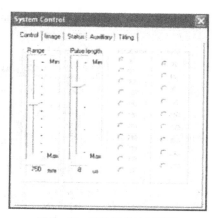

图 7 - 16　声呐系统控制页面

选择大的脉宽的效果是增强了系统的敏感性，即更多的信号显示为红色。管壁图像的厚度也受到脉冲宽度的影响，小的脉冲宽度能探测到更多的细节。如果已经选择扇区显示模式，那么扇区中心和扇区弧度也能选择，除非被灰化了。

　　b. 色彩页面。色彩页可调节调色板和色阶，更好地显示图像。通过调节色彩，可以消除背景噪声，以及调整接收信号的敏感度。色彩调节包含"消隐"（blanking）和增益控制（图 7 - 17）。

　　c. 状态页面。状态页中以图形表示主窗口中状态条的内容，即转角、倾角和放线长度（图 7 - 18）。

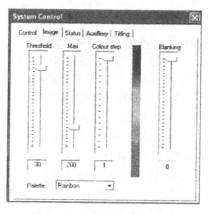

图 7 - 17　声呐系统色彩页面

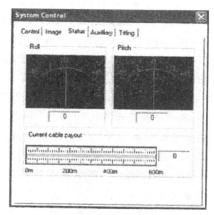

图 7 - 18　声呐系统状态页面

　　倾角以度为单位显示，正的倾角表示探头朝上。转角也以度为单位显示，正的转角表示探头顺时针方向旋转。倾角和转角传感器测量范围为 $[-45°, 45°]$。若必须放在测量范围外，则该项测量并不准确。注意，在放置探头时，保证探头上的刻度线朝下，即朝管道的方向，否则图像方向不正确。放线长度表示探头通过的水平距离。

d. 附属信息。"Auxiliary"页面显示声呐第二个传感器的数据，并提供少数系统控制功能（图 7 - 19）。

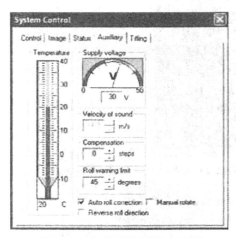

图 7 - 19　声呐系统附属信息页面

电解倾斜传感器的系统内有以℃为单位显示的声呐内部温度值，但目前很多配备固态倾斜传感器的系统都不再支持温度功能。电压表显示声呐单元测量的电压。一般来说，电压设置在 25～35 V 之间都是可行的（对应电压表的"Auto roll correction"绿色区域），推荐设置为 26 V。水中声波速度名义上为 1500 m/s(4921 ft/s)，实际的水中声波速度取决于多个因素，包括温度、压力和盐度。如果精度要求在 3%以内，声速可设置为 1500 m/s；如果需要更高精度，可使用鼠标测量工具。

声呐图像的内圈表示探头到管壁的距离，图像的厚度取决于发射脉冲宽度。

声呐通过顺时针转动来采集管壁的数据，然后逆时针反转。当传感器反方向运动时，图像将会有轻微的抖动，这是由于系统的机械反弹，抖动取决于换能器机械对齐的精度。抖动可以通过"compensation"设置来校正，即多个步骤来调整图像。通常设置"1"，也有可能需要设置为"2"。

如果超过倾角告警极限，警告声音将提示（PC 的音量打开）。声呐头上的一个刻线标志声呐的底部。正常操作时，刻线位置的声波数据显示在屏幕的底部。如果选中"Auto roll correction"，声呐图像旋转相应的角度，将底部的声波数据显示在屏幕底部。如果选中手动旋转，操作者可以通过键盘手工旋转图像。如果"roll"读数范围在［－45°，45°］之外，"roll"补偿将自动静止，直到读数恢复到［－45°，45°］范围内。若选择"Reverse roll direction"，将对"roll"读数取反。

e. 标题页面。"Titling"页面可设置声呐图像的标题（图 7 - 20）。"Title"文本将显示在声呐图像的标题栏。"Notes"文本不显示在主窗口，但是当图像保存时，将以 txt 格式保存。

f. 电缆计数器。电缆计数对话框用于建立电缆计数器（图 7 - 21）。

图 7-20 声呐系统标题页面

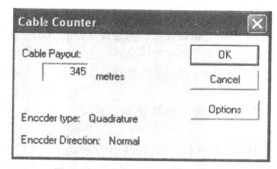

图 7-21 声呐系统电缆计数器页面

系统开机后，实际已放出的电缆需要进行设置，这是由于系统关机时缠绕和解开的电缆未知。完成设置后，系统将监控电缆计数器，同时距离将会显示在主屏幕的状态栏上。系统可以配置"Perapoint"或者"Quadrature"电缆计数器，这两种电缆计数器的每个方向都可以操作，电缆计数器通过一段已知长度的电缆进行标定，一旦完成标定，系统将记录结果，不再需要进行重新标定。

7.3　数据处理与评价

声呐设备扫描管道、检查井等设施时，装配了专用检测软件的计算机显示屏上显示的是离散点集合图。因为其图像反映的是管道内壁反射面的外轮廓，所以也称为轮廓图（图 7-22）。将该图与管道强制性矢量拟合线对比，进行处理与评价，以此判定管道缺陷。用鼠标选择变异部分的图像，可以得出缺陷的尺寸大小。

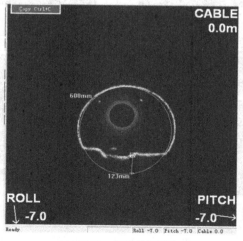

图 7-22　声呐检测轮廓

专用的检测和分析软件通常具备以下功能：

（1）支持管道截面图动画播放，管道360°全景展开。

（2）支持生成管道三维模型，沉积和缺陷一目了然。

（3）支持淤泥量分析，量化数据更精确；自动生成报表，高效率制作报告。

7.3.1　管道结构性缺陷判读

管道结构性判读是根据声呐检测图像，对比拟定的轮廓形状，判断其差异性，属哪种缺陷类型。它可减少工作量，将缺陷的判断缩减至最小范围内。遇到疑似管道结构性问题时，应封堵抽水，采用CCTV检测予以确认。对于有些没有完全充满水的管道，可在水上用CCTV设备拍摄，在水下用声呐检测，这样通过查看两种结果的对应关系，基本可确定缺陷的类型和范围。声呐能够显现的缺陷种类主要有管道变形性破裂、柔性管材的管道变形、支管暗接、大体积的异物穿入等。图7-23显示了几种典型的管道结构性缺陷的声呐轮廓图。

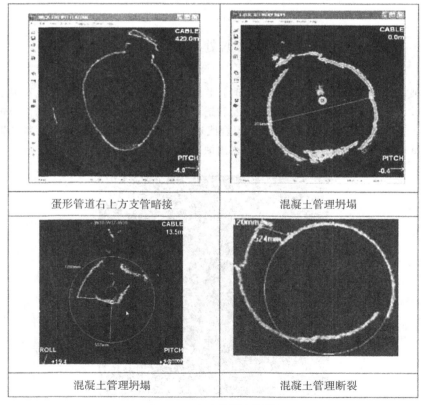

蛋形管道右上方支管暗接	混凝土管理坍塌
混凝土管理坍塌	混凝土管理断裂

图 7-23　声呐检测缺陷判读

判读前,需要掌握下列信息:①管道(渠)断面形状;②管道(渠)直径或内断面尺寸。

7.3.2 管道淤积状况评价

(1)二维评价。

在进行管道功能性检测时,管段内积泥深度是按照纵向固定距离采集的,其每个采集点深度可在屏幕上直接测量(图 7 - 24)。将管道纵向设定为 x 轴,淤积深度为 y 轴,展绘每一个淤积点,再将相邻点一一相连,即可生成管道沉积状况纵断面图(图 7 - 25)。这种方式直观易读,结合有关数据,能够较为准确地得出管道淤积程度、淤积体积、淤积位置。这是常用的二维表达和评价方式,淤积的表达模式还有三维表达方式。

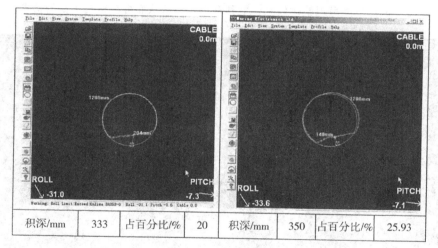

| 积深/mm | 333 | 占百分比/% | 20 | | 积深/mm | 350 | 占百分比/% | 25.93 |

图 7 - 24　排水管道沉积

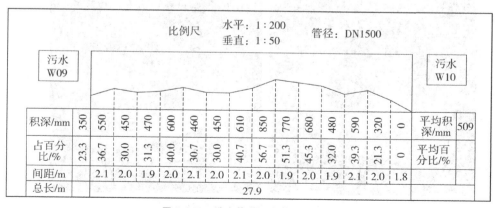

图 7 - 25　排水管道沉积状况纵断面

进行淤积状况评价时，需要选择采样点，其间距应根据不同项目的需求进行选择，一般不超过 5 m。检测时若发现管道异常点，则应增加采样点密度，以便真实反映管道情况。以普查为目的的采样点间距不超过 5 m，如果有其他特定的检测目的，采样点间距要适当缩减至 2 m，甚至更短。采样点越密，检测结果越接近真实的管道积泥断面。存在异常的管道应加密采样。将每个采样点的淤泥高度连成线后得到的图像，反映了该段管道淤积曲线，在判定管道是否符合养护标准时应以该段管道的平均淤积量为判断依据。除了检测淤积，声呐亦可探测到管道内的大块固体障碍物、坝头等导致的管道过水断面损失的缺陷。

（2）三维评价。

三维评价所利用的数据和二维的是相同的，只是采用了专业的三维生成软件，将管道及管道内的淤积绘制成三维云点图像（图 7－26），并实现可测量和计算土方量。三维成像较之二维成像更能呈现整体效果，更具有空间感，从而可获得更丰富的信息。

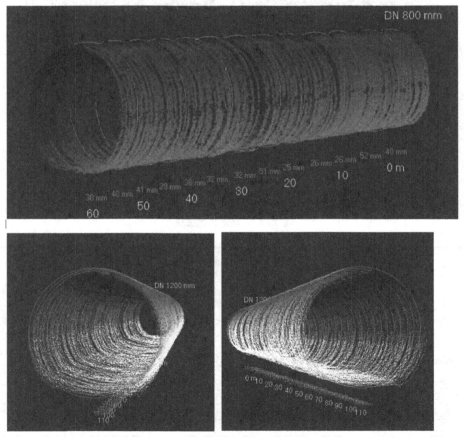

图 7－26　声呐三维模拟图像

第 8 章　基于探地雷达的排水管道检测技术

雷达通过发射高频电磁脉冲波，接收脉冲在管道与土壤界面上产生的反射和绕射回波，根据接收回波的传送时间、幅度与波形来判断管线的深度、位置和估算管线直径。因此，其既可以用于地下金属管道探测，亦可用于非金属管道探测。管道脱空是指管道施工、地质环境变化及渗漏等导致管道周围形成空洞区域。管道脱空极易导致路面塌陷，应尽早发现脱空的位置及范围，并及时予以处置，可以有效地避免由此产生的公共灾害。在排水系统中，基本都是渗漏型的脱空，这类脱空，无论其规模大小，都是不允许的。一旦发现，必须及时治理。常用管道脱空检测可采用雷达技术，该技术分为以下两类：

（1）探地雷达（ground penetrating radar，GPR），又称为透地雷达或地质雷达。它是通过地面上的雷达设备的发射天线向地下发射高频电磁波，通过接收天线接收反射回地面的电磁波。电磁波在地下介质中传播时遇到存在电性差异的分界面会发生反射，根据接收到的电磁波的波形、振幅强度和时间的变化等特征可以推断地下介质的空间位置、结构、形态和埋藏深度。该类雷达在实际应用中，由于管道埋深（空洞位置离地面较远）及土质电性差异不明显等，脱空不能被明确辨认。

（2）管道雷达（pipe penetrating radar，PPR），又称为透管雷达。PPR 是 GPR 在管道内的应用。如图 8-1 所示，它是为管道探测专门设计的，它的天线是在管道内与管壁接触的，更接近于空洞，准确度和发现率大大高于 GPR。PPR 还能结合 CCTV 检测数据，测量管壁厚度，发现裂缝、空洞等管道缺陷及管道外部其他设施，特别当 CCTV 检测发现有渗漏时，PPR 可进一步发现是否有空洞产生。PPR 设备是履带式承载器上安装 2 个高频天线和 CCTV，天线可以远程控制在 9 点和 3 点方向之间的任何时钟角度位置，同时可以根据管道直径调整伸缩臂。PPR 具有配套分析软件，提供容易理解和识别的图像。

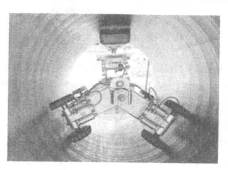

图 8-1　PPR 设备（博铭维 SmartMole-PPR 管中的地质雷达机器人）

8.1 基 本 知 识

8.1.1 探地雷达基本原理

探地雷达是利用高频电磁波(1～10 GHz)对地下结构或者物体内部不可见目标进行探测定位的一种地球物理勘探方法，其探测对象一般边界条件复杂，目标体的几何尺寸小，勘探精度要求高。探地雷达的检测原理如图 8-2 所示。探地雷达用发射天线间隔一定的时间向地下空间发射连续的高频电磁波，当连续的高频电磁波在地下空间传播的过程中碰到电性差异不同的地层或者目标体时会反射回地面，对接收天线接收到的信号进行数据处理，最终输出显示在示波器上。探地雷达在地下空间进行传播的过程中，其传播的路径、波长强度与传播的波形随地下介质的电性特性和异常体的形状不同而发生改变，根据示波器窗口显示的双程走时、波幅和波形的资料等，进行分析和处理后，可以推测并分析出地下分界面或者异常体在地下空间的位置、结构及分布形态。

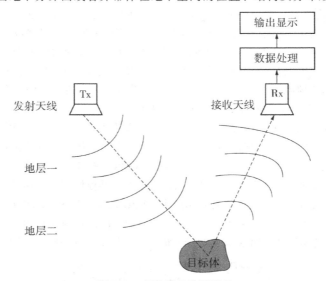

图 8-2 探地雷达检测原理

探地雷达因 1904 年德国的 Hulsemeyer 首次尝试电磁探测远处地面的金属体而被人们所认识。早期的研究者主要把探地雷达应用于冰层，这是由于冰层的吸收效果弱，能达到较好的探测效果，但是不能批量应用。1972 年，Morey 和 Drake 成立了美国地球物理测量系统公司(Geophysical Survey Systems Inc. ，GSSI)，该公司主要经营商用雷达的生产和销售，该公司引领探地雷达进入快速发展的时期。探地雷达由于抗干扰能力强、适应性强、分辨率高、操作简单、成果直观可见且为无损探测，被广泛地应用于工程勘察及地质调查中。近几年，探地雷达的应用领域进一步扩大，包括铁路和公路质量检测、水利工程、水文地质调查、地下水污染调查、浅层矿产资源勘探、管线探测、岩土勘察、刑事侦破、无损检测、考古研究、工程建筑物结构调查、军事等领域，解决了很多实际工程问题。多领域的应用也使探地雷达在浅层地球物理探测、工程地质领域快速发展。随着 GPR 硬件、软件技术的不断发展，理论研究不断地深入，探地雷达正逐步走向成熟。

地下管道应用的探地雷达通过发射机天线发射高频脉冲电磁波，脉冲电磁波传入地下结构中，遇到不同的介电特性的介质界面和地下目标时会发生反射、衍射、折射等现象。通过分析探地雷达接收机接收的反射回波信号，可以对地下管道位置、埋深等信息进行分析。相比于其他检测技术，GPR 具有以下优点：①不破损。探地雷达无损检测无须开挖和钻孔取芯，不会对路面结构造成损坏。②分辨率高。探地雷达通过观察剖面来分析确定路面结构的内部情况，采用的高频脉冲电磁波检测的分辨率可达到厘米级。③效率高。探地雷达设备简单，数据采集快速（车载探地雷达行车速度可达 80 km/h），需要工作人员较少，可连续数据采集。

随着计算机和电子信息科技的发展，各国都开展了 GPR 研发和生产。目前国内外主要的探地雷达有美国劳雷 GSSI 探地雷达、加拿大 EKKO 探地雷达、瑞典 MALA Geoscience 探地雷达、ERA Technology 探地雷达、Ingegneria Dei Sistemi 探地雷达、3D-Radar 探地雷达，国内中电秤（青岛）电波技术有限公司、大连理工大学、国防科技大学、东南大学、北京爱迪尔国际探测技术有限公司等单位也开发探地雷达检测系统。探地雷达的应用领域也从初期的冰层等弱耗介质，逐步扩展到土层、煤层、岩层等有耗介质中（图 8-3）。目前，探地雷达已经被广泛应用于隧道超前预报、道路无损检测、地质勘测、考古调查等工程领域。

图 8-3　探地雷达在道路和机场检测的应用

8.1.2　探地雷达检测

随着城市地下管线老化、到达使用年限，以及城市建设快速发展等，城市道路塌陷已经成为全国各地的一个普遍问题。道路塌陷问题的主要原因包括管线老化渗漏，地下管线、地铁施工等对土体造成扰动，以及地下管道反复开挖回填不实，地下水超采，雨季遇到暴雨时无法顺利排出,等等。目前道路塌陷隐患检测手段有多种,包括探地雷达法、高密度电法、浅层地震法等。在城市浅表层 4～5 m 以内进行道路下方空洞检测,探地雷达是探测效率高、分辨率高的一种技术手段,是道路塌陷检测的主要手段。在工作面较小、需要较大深度探测的场合,浅层地震和高密度电法等手段可作为探地雷达的有益补充。

使用探地雷达进行地下管线的检测时,已知电磁波在地下传播的速度,即可求出地下目标或地下界面的深度,并且反射波带有地下目标和地下媒质的性质信息,对反射波进行分析,可以确定地下目标的性质。发射天线和接收天线在地表的相对位置是确定的,当两者共同移动时可以得到一组反射波,将这一组反射波表现出来,就可得到地下目标相对地表的位置信息,从而发现地下目标。由于电磁波在不同电性和不同形态的介质中传播时,其路径、强度、波形均随之变化,因此可根据测得的波的传播时间、幅度、波形来判断介质的结构与深度(图 8-4)。

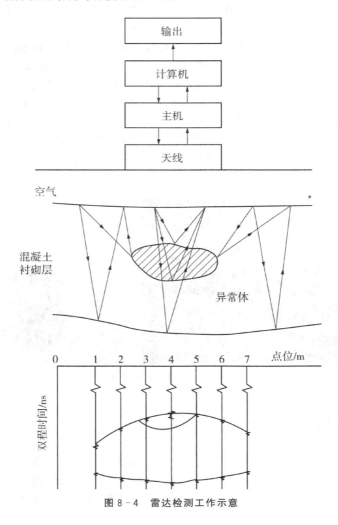

图 8-4 雷达检测工作示意

只要地下管线目标与周围介质之间存在足够的物性差异，就能被探地雷达发现。探地雷达的管线探测能力，弥补了管线探测仪的探测缺陷，因此在城市地下管线的探测中得到普遍应用。在城市改造中，有时需要了解地下管线，如电力管线、热力管线、上下水管线、输气管线、通信电缆等的情况，探地雷达都可以胜任这类检测工作，不但可探测到管线的水平位置分布，还可以确定其深度，得到三维分布图。图 8-5 为探地雷达现场工作照片和地下管线探测结果。

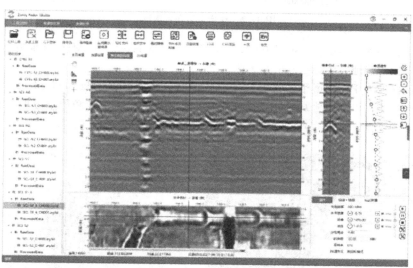

图 8-5　探地雷达探测地下管线探测结果

（1）地下管线检测方案。

沿设计管线位置在地面上布置 3 条雷达探测剖面，分别沿管线轴线上方、管线轴线左右侧 1.5 m 处进行布线探测，根据现场情况，适当加密测线，对目标区域准确定位。图 8-6 为测线布置示意，图 8-7 为现场雷达联合测试工作照片。

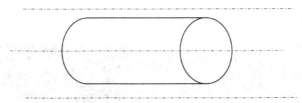

图 8-6　雷达探测测线布置示意

（a）400 MHz　　　　　　　　　　　（b）100 MHz

图 8-7　现场雷达联合测试

对于探测深度小于 5.0 m 的管线，一般采用 400 MHz 和 100 MHz 探地雷达进行综合探测，以准确地判明管线的位置信息。

探测深度大于 5.0 m 但不大于 12.0 m 的管线，采用 100 MHz 和 50 MHz 探地雷达进行综合探测，以准确地判明管线位置信息，以及潜在病害区域和严重程度。图 8-8 为雷达现场测试工作照片。

（a）100 MHz　　　　　　　　　　　（b）50 MHz

图 8-8　探地雷达现场测试

（2）水下管线检测方案。

在对水下管线进行检测时，采用洞内检测的方式，在管顶、管左右两侧腰部布置3条雷达探测剖面，图8-9为管内测线布置示意。

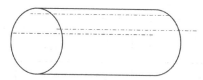

图8-9 管内测线布置示意

采用400 MHz和100 MHz探地雷达进行综合探测，以准确地判明潜在病害区域和严重程度。图8-10为隧道内雷达测试工作照片，管内测试类似于隧道内作业方式。

图8-10 隧道内雷达检测

（3）数据处理方法。

在应用探地雷达方法采集地下目标体的有效反射信息时，还会接收到各种规则的或随机的干扰信息，探地雷达数据处理的目的就是消除这些干扰波，最大限度地突出有效波，以便提高雷达记录的信噪比和分辨率，提供和显示包含与地下目标体的位置、形态、结构和属性等有关的信息，为解释探地雷达资料服务。经常采用的数据处理方法如下：

A. 时间增益。为了在雷达剖面上识别来自深部目标体的反射信息，或者在高衰减介质条件下识别浅部目标体的信息，需要将反射振幅等量化或者应用某种时间增益函数对雷达记录进行改造，以补偿介质对目标反射的吸收作用，这就是时间增益。

B. 时间滤波和空间滤波。在探地雷达数据处理中，广泛采用时间滤波和空间滤波。前者包括信息饱和校正，从数据集中去除直流电平、带通滤波、高通滤波、低通滤波、垂向滤波及时间中值滤波等；后者则包括道间均值滤波、空间中值滤波、递归空间低通滤波、递归空间高通滤波及道间差异等。

C. 探地雷达资料的偏移处理。对倾斜界面，探地雷达资料同反射地震资料相似，同样存在偏移问题，因此也应进行偏移处理。偏移处理是解释处理中的重要环节。

雷达数据的处理流程如图 8-11 所示。

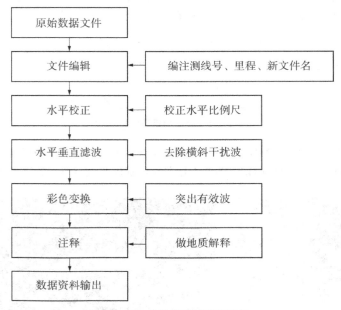

图 8-11　雷达数据的处理流程

除上述一般处理外，雷达数据尚有以下特殊处理：①水平及垂直高通滤波，消除平直横跳的系统噪声；②水平及垂直低通滤波，消除高频噪声；③反褶积滤波，增强垂向分辨率；④偏移滤波，消除绕射波和倾斜干扰波；⑤空间域滤波，增强倾斜界面信号。

采集的雷达数据经零点校正、剖面距离校正及增益调整后，根据雷达波形构成的同相轴及探地雷达专用分析软件形成的检测推断剖面图，以人机交互方式解释资料，勾画出管线附近地质密实情况。

（4）探测图谱分析。

雷达剖面经数据处理后确定地面各结构层界面及地基中存在的缺陷，以探地雷达检测推断剖面形式给出，图中标示出深度界线和水平位置，可以直观地看到各检测段地面以下中存在的缺陷及其位置。按实际测试位置，以雷达剖面图形式连续给出测试成果。

地质剖面推断图水平方向为自测试起点的距离，竖直方向为探测深度或时窗，分析所检测测线，给定病害区域和类型。现场确定位置，并做标记。管线雷达周围地质缺陷分析典型图像如图 8-12 至图 8-17 所示，由此可以判断出管道附近可能存在因管道内部缺陷引起的地质灾变，为下一步有效处治提供技术依据。

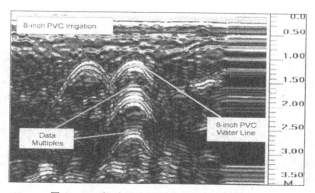

图 8－12　探地雷达探测管线图谱（400 MHz）

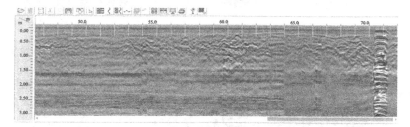

图 8－13　管线附近沉陷图谱（400 MHz）

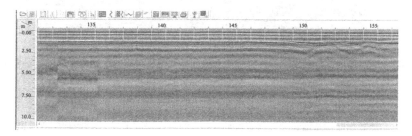

图 8－14　管线附近沉陷图谱（100 MHz）

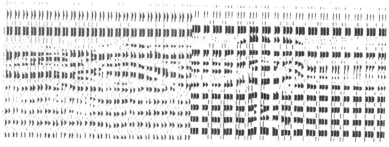

图 8－15　地质探测异常区和空洞区推断剖面（50 MHz）

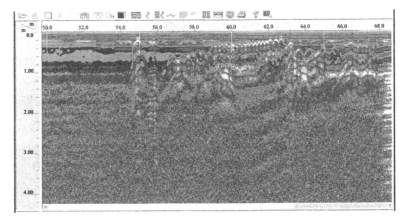

图 8-16　洞内拱腰雷达探测推断剖面(400 MHz)

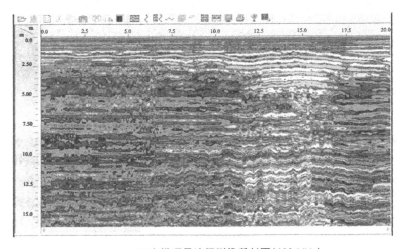

图 8-17　洞内拱顶雷达探测推断剖面(100 MHz)

8.1.3　管道雷达检测

探地雷达在理论方面的研究与硬件设备的发展互为补充、相辅相成。电磁场理论是探地雷达的技术核心,后来探地雷达设备因微电子技术的进步而发展迅速,也对深入研究探地雷达的各种理论起到了促进作用。

随着探地雷达功能细分和专用化设备的发展,用于探测地下管线的设备也投入使用。设备进行管线识别的功能也变得更加强大,包括材料判断、管径大小、管线裂缝病害等。物探技术逐渐被引入地下管线探测中,接下来以管道修复高聚物定向钻进系统为代表进行介绍。

如图 8 - 18 所示，钻进系统主要包括：

A. 管道修复高聚物定向钻进装置（内含嵌入式软件）。其也称为机器人本体，作为管道检测的爬行器。

B. 平台化远程控制终端（内含上位机软件）。其也称为遥控器，可对车体进行控制。

C. 自动收放光电线缆装置。其也称为卷线器，用于缠绕车体与控制箱连接线的载体。

图 8 - 18　钻进系统组成示意

车体控制及显示主要在 OCU 控制面板上完成。图 8 - 19 为 OCU 控制面板上布局，主要分为显示区和面板控制区。

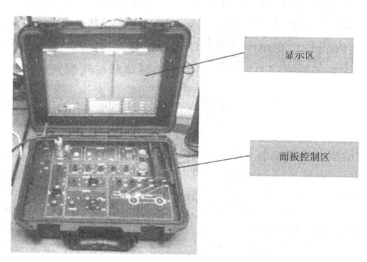

图 8 - 19　OCU 控制区全图

如图 8 - 20 所示，OCU 控制面板的显示区分为五大部分。

A. 视频区。其能实时显示车体前方摄像头拍摄的画面信息，显示区面板控制区。

B. 3D 位姿态区。其能显示机器人本体的自身姿态。

C. 命令提示区。其能遥控器上按键的每次触发、释放都会在此区域显示。

D. 数据区。其能显示机器人上需要检测的内部数据，包括本体位置、本体速度、本体灯光、卷线器线速度、放线长度、云台抬升高度、旋转角度、摆动角度。

E. 雷达区。其能显示探地雷达实时扫描的波形图。

图 8-20　显示区分区布局

根据实际探测的需要，在窨井口将爬行机器人送入管道内部，人员在地面上对机器人车体行进姿态与探测策略进行控制，综合视频资料和探地雷达实时扫描的波形图，对探测的管道及管道周边的地质环境状况进行判断。视频系统可以直观地将管道裂缝、接口错位、沉积堵塞等管道隐患表现出来，探地雷达部分可以侦察由管道泄漏等引起的肉眼看不见的地下空洞或不均匀沉降等隐患病害，二者结合，相辅相成，便可以尽量提前发现，及时维修，防止恶性管线事故的发生。

8.2　目标探测算法原理

目前计算机视觉(computer vision，CV)、自然语言处理(natural language process，NLP)及语音识别(speech recognition)并列为人工智能(artificial intelligence，AI)、机器学习(machine learning，ML)、深度学习(deep learning，DL)方向的三大热点方向。

计算机视觉中关于图像识别有以下四大类任务：①分类(classification)。其解决"是什么"的问题，即给定一张图片或一段视频判断里面包含什么类别的目标。②定位(location)。其解决"在哪里"的问题，即定位出这个目标的位置。③检测(detection)。其解决"在哪里，是什么"的问题，即定位出这个目标的位置并且知道目标物是什么。④分割(segmentation)。其分为实例分割和场景分割，解决"每一个像素属于哪个目标物或场景"的问题。

在前面的章节里，我们介绍了诸多用于图像分类的模型。在图像分类任务里我们假设图像里只有一个主体目标，并关注如何识别该目标的类别。然而，很多时候图像里有多个我们感兴趣的目标，我们不仅想知道它们的类别，还想得到它们在图像中的具体位置。在计算机视觉里，称这类任务为目标检测（object detection）或目标探测。

GoogLe Net 和 Res Net 等全卷积神经网络的出现，证明了使用卷积层代替传统神经网络的全连接层，不但效果更好，而且能够适应不同尺寸图像的输入。但是，如果直接丢弃全连接层，将特征图连接到最后的分类层和回归层，效果很差。主要原因是这些全卷积神经网络是图像级分类的网络，更倾向于位置不变性，即对识别目标位置的改变不敏感。但是对于目标识别任务来讲，不仅要对目标进行分类，也要对目标位置进行回归。

目标检测任务可分为 2 个关键的子任务，分别为目标分类和目标定位。目标分类任务负责判断输入图像或所选择图像区域中是否有感兴趣类别的物体出现，输出一系列带分数的标签表明感兴趣类别的物体出现在输入图像或所选择图像区域中的概率。目标定位任务负责确定输入图像或所选择图像区域中感兴趣类别的物体的位置和范围，通常使用方形边界框（bounding box）表示物体的位置信息。

随着计算机性能的不断提高，当下互联网和移动网络的普及，数据时代带来了大量各种各样的数据信息，也为深度学习的发展提供了有力支撑。目前，现有的基于深度学习的目标检测与识别算法大致分为两类：①two-stage 目标检测算法，即基于候选区域（region proposals）的目标检测与识别算法。这类检测算法将检测问题划分为两个阶段，第一个阶段首先产生候选区域，包含目标大概的位置信息，第二个阶段对候选区域进行分类和位置精修，其中具有代表性的是 R-CNN、SPP Net、Fast R-CNN、Faster R-CNN 和 R-FCN。②one-stage 目标检测算法，即基于回归的目标检测与识别算法。这类检测算法不需要候选区域阶段，直接产生物体的类别概率和位置坐标值，其中具有代表性的是 Yolo、SSD、Yolo v2、Yolo v3、Yolo v4。目标测模型的主要性能指标是检测准确度和速度，其中准确度主要考虑物体的定位及分类准确度。一般情况下，two-stage 算法在准确度上有优势，而 one-stage 算法在速度上有优势。不过，随着研究的发展，两类算法都在两个方面做改进，均能在准确度及速度上取得较好的结果。

8.2.1　目标探测算法基础

（1）边界框。

在目标检测里，我们通常使用边界框来描述目标位置。边界框是一个矩形框，由左上角的 x 轴和 y 轴坐标与右下角的 x 轴和 y 轴坐标确定。坐标原点通常为图像上的左上角，原点往右和往下分别为 x 轴和 y 轴的正方向。

（2）锚框。

目标检测算法会在输入图像中提取大量的候选区域，通过判断区域是否存在目标，并调整区域边缘，使建议区域更准确地预测目标的真实边界框（ground-truth bounding box）。传统的候选区域提取方法主要分为以下两类：

A. 滑动窗口（sliding window）。基于滑动窗口的目标检测算法的主体思路为：将检测问题转化为分类问题。其基本原理就是采用不同大小和比例(宽高比)的窗口在整张图片上以一定的步长进行滑动,通过对各个窗口区域进行图像分类,实现对整张图像的检测。对于不确定尺寸的检测目标,这种方法需要设置多种大小和比例的窗口,并且选取合适的步长。这一操作会产生大量的子区域,对每个子区域进行检测需要巨大的计算量。因此,该算法效率很低。

B. 选择性搜索(selective search)。图像中某一物体可能存在的区域是有相似性和连续性的。基于这一想法,选择性搜索算法采用子区域合并的方法来提取候选区域。首先,对输入图像进行分割算法产生大约 2000 个子区域。然后,根据这些子区域之间相似性(相似性标准主要有颜色、纹理、大小等)不断地进行区域迭代合并。最后,在每次迭代过程中,对这些合并的子区域做外切矩形,即候选区域。选择性搜索算法的计算效率优于滑窗法。由于采用了子区域合并策略,且合并标准具有多样性,提高了检测物体的概率。但是选择性搜索算法无法融入卷积神经网络,因此严重影响了检测速度。

为了解决窗口较多、运算量大、无法融入卷积神经网络等问题,Ren 等提出了锚框(anchor box)的概念,即以每个像素为中心生成多个大小和宽高比(aspect ratio)不同的边界框。在训练集中,将每个锚框视为一个训练样本。为了训练目标检测模型,需要为每个锚框标注两类标签:一是锚框所含目标的类别,简称类别;二是真实边界框相对锚框的偏移量,简称偏移量(offset)。在目标检测时,我们首先生成多个锚框,然后为每个锚框预测类别以及偏移量,接着根据预测的偏移量调整锚框位置从而得到预测边界框,最后筛选需要输出的预测边界框。

目前,锚框的选择方式主要依据有 3 种,分别为人为经验、K-means 聚类、超参数学习。

(3)交并比。

在数学上,Jaccard 系数(Jaccard index)是衡量 2 个集合相似度的指标。对于给定集合 A 和 B,它们的 Jaccard 系数是二者交集大小除以二者并集大小,见式(8-1)。

$$J(A, B) = \frac{|A \cap B|}{|A \cup B|} \tag{8-1}$$

在图像检测领域,可以把边界框内的像素区域看成是像素的集合。通过求取 2 个边界框像素集合的 Jaccard 系数,衡量它们相似度。通常将该 Jaccard 系数称为交并比(intersection over union,IoU),即两个边界框相交面积与相并面积之比。图 8-21 展示了部分测试图像的真实框和预测框的位置关系:左上角的矩形框代表预测框,即 A_1 与 A_2 的和;右下角的矩形框代表真实框,即 A_2 与 A_3 的和。交并比的计算见式(8-2)。

$$IoU = \frac{A_2}{A_1 + A_2 + A_3} \tag{8-2}$$

交并比的取值范围为 0~1。其中,0 表示两个边界框无重合像素,1 表示两个边界框相等。

(4)非极大值抑制(non-maximum suppression,NMS)。

在模型预测阶段,神经网络算法会为图像生成多个锚框,并为这些锚框一一预测类别和偏移量。根据锚框及其预测偏移量得到预测边界框。当锚框数量较多时,同一个目

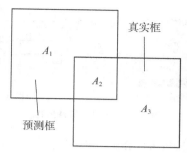

图 8 - 21　交并比示意

标上可能会输出较多相似的预测边界框。为了使结果更加简洁，可以采用非极大值抑制的方法移除相似的预测边界框，具体做法如下：

A. 对于一个预测边界框 B，计算各个类别的预测概率。设其中最大的预测概率为 P，则该概率所对应的类别即为 B 的预测类别，也将 P 称为预测边界框 B 的置信度。

B. 在同一图像上，将预测类别非背景的预测边界框按置信度从高到低排序，得到列表 L。从 L 中选取置信度最高的预测边界框 B_1 作为基准，将所有与 B_1 的交并比大于某阈值的非基准预测边界框从 L 中移除。这里的阈值是预先设定的超参数。

C. 从 L 中选取置信度第二高的预测边界框 B_2 作为基准，将所有与 B_2 的交并比大于某阈值的非基准预测边界框从 L 中移除。

D. 重复这一过程，直到 L 中所有的预测边界框都曾作为基准。此时 L 中任意一对预测边界框的交并比都小于阈值。

E. 输出列表 L 中的所有预测边界框。

8.2.2　基于候选区域的目标探测算法

（1）R-CNN。

传统的目标检测算法大多数以图像识别为基础。一般可以在图片上使用穷举法或者滑动窗口选出所有物体可能出现的区域框，对这些区域框提取特征并进行使用图像识别分类方法，得到所有分类成功的区域后，通过非极大值抑制输出结果。R-CNN（region-CNN）是第一个成功将深度学习应用到目标检测上的算法。如图 8 - 22 所示，R-CNN 算法遵循传统目标检测的思路，通过选择性搜索算法选出约 2000 个候选区域，将这些候选区域输入 Alex Net 卷积神经网络提取特征，使用支持向量机进行图像分类、欧氏距离进行位置预测。最后，通过非极大值抑制的方法确定预测框及分类。

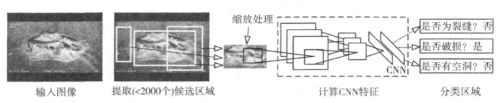

输入图像　　　提取(<2000个)候选区域　　　　　计算CNN特征　　　　分类区域

图 8-22　RCNN 算法流程

A. R-CNN 算法的训练阶段可以分成以下步骤：

a. 准备候选区域。对于训练集中的每个图像，采用选择性搜索算法获取 2000 个候选区域。

b. 准备正负样本。若某个候选区域与图像上重叠面积最大的真实框的 $IoU \geqslant 0.5$，则该候选区域作为这一类别的正样本，否则为负样本。

c. 预训练。由于目标探测问题中标记的样本数据量比较少，难以进行大规模训练。因此，采用 ILSVRC 2012 数据集预训练 Alex Net 网络，从而学习特征。

d. 微调。由于步骤 B 中得到的候选区域大小不一，需要将这些样本进行尺寸变换，使大小一致。使用尺寸统一的样本继续训练步骤 C 中预训练好的网络，即迁移学习。

e. 针对每个类别训练基于支持向量机的二分类器。该分类器的输入是 AlexNet 网络输出值，其维度为 2000×4096，分类器的输出为类别判断结果。通过训练，得到支持向量机的权重矩阵 W，其维度为 $4096 \times (N+1)$。其中，N 为存在物体的种类，即正样本；1 为背景，即负样本。这里正样本选定的 IoU 阈值和步骤 B 相同，负样本选定的阈值从 0.5 调整为 0.3，即 $IoU < 0.3$ 的区域是负样本。这主要是因为步骤 D 的微调需要大量的样本，而支持向量机适用于小样本。因此，IoU 阈值设置为 0.3 会更严格一些。

f. 回归。输入 Alex Net 网络的特征值，以及候选区域和真实框对应的坐标值和长宽值。

B. R-CNN 算法的测试阶段可以分成以下步骤：

a. 输入一张图像，利用选择性搜索算法得到 2000 个候选区域。

b. 将所有候选区域变换到固定尺寸并作为已训练好的卷积神经网络的输入，得到 2000×4096 输出。

c. 对每个类别，采用已训练好的支持向量机分类器对步骤"b."提取的特征打分。

d. 采用非极大值抑制的方法对得分矩阵中的候选区域进行剔除。

C. RCNN 算法的优点：

a. 经典的目标检测算法使用滑动窗法依次判断所有可能的区域，而 RCNN 算法预先提取一系列候选区域，之后仅在这些候选区域上提取特征，进行判断，大大减少了计算量。

b. 将传统的特征(如 SIFT、HOG 特征等)换成了深度卷积网络提取特征。

(2)SPP-Net(spatial pyramid pooling Net)。

SPP-Net 在 R-CNN 的基础上，将图片直接输入 CNN 生成特征图。通过使用选择性搜索算法，在特征图上选出候选区域。最后，采用金字塔池化层，产生固定数量的特征，传递给固定输入的全连接层。SPP Net 对 R-CNN 的改进主要有以下两点：

A. 对特征图提取候选区域。R-CNN 算法从原始图像提取候选区域，将每个候选区域都输入卷积神经网络进行特征提取。SPP-Net 主要对特征提取步骤进行了改进，直接将整张图片输入卷积神经网络得到特征图，采用选择性搜索算法对特征图提取候选区域，从而减少了计算量。和 R-CNN 相比，速度提高了百倍。

B. 空间金字塔池化。金字塔池化层作用于卷积层与全连接层的连接段，使任意尺寸的特征图都能够转换成固定大小的特征向量，从而使 SPP-Net 能够接受任意大小的输入图像。如图 8-23 所示，黑色图片代表卷积层提取的特征图。将特征图分为不同尺寸的感兴趣块（如 4×4，2×2，1×1），每个块进行池化，得到 21 维特征向量。这种以不同尺寸的感兴趣块的组合进行池化的过程就是空间金字塔池化。

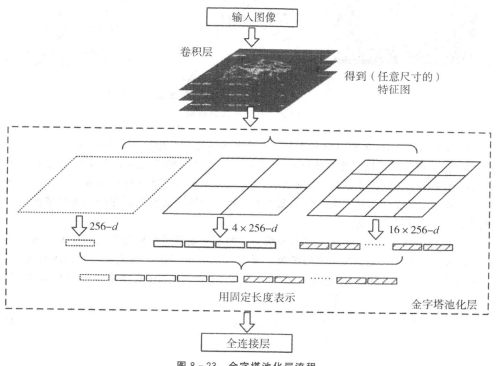

图 8-23　金字塔池化层流程

（3）Fast R-CNN。

继 2014 年的 R-CNN 之后，Ross Girshick 在 2015 年提出了 Fast R-CNN，构思精巧，流程更为紧凑，大幅提升了目标检测的速度。Fast R-CNN 结合了 SSP Net 和 Softmax 分类的思想，采用感兴趣区域池化层取代金字塔池化层，将 Softmax 函数和欧氏距离回归写入同一个输出层，取代了原来用于分类的 SVM 的位置，将整个算法模型连接在了一起，提高了计算速度和精确度。

A. 如图 8-24 所示，Fast R-CNN 算法的主要流程为：

a. 对图像进行多次卷积核池化处理来获取卷积特征图，通过选择性搜索算法提取感兴趣区域，即候选区域。

b. 通过感兴趣区域池化，从特征图中提取固定长度的特征向量。每个特征向量，都会被输送到全连接层序列中。

c. 全连接层输出直接连接多任务损失函数（multi-task loss），进行分类和位置回归。其中，分类采用 Softmax 函数；位置回归输出 N 个对象中每个类的 4 个坐标值，代表每个类的边界框位置。

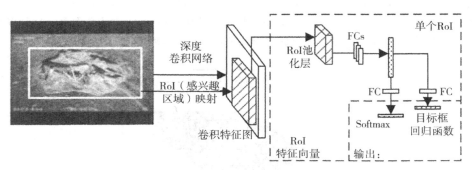

图 8-24　Fast R-CNN 结构

B. Fast R -CNN 主要有感兴趣区域池化和多任务损失函数两个创新点。

a. 感兴趣区域池化。感兴趣区域池化是金字塔池化的简化版，金字塔池化对每个候选区域采用了不同大小的金字塔映射，即采用多个尺度的池化层进行池化操作；而感兴趣区域池化只需将不同尺度的特征图下采样到一个固定的尺度，即感兴趣区域池化只采用了单一尺度进行池化。

b. 多任务损失函数。Fast R-CNN 统一了类别输出任务和候选框回归任务，有 2 个损失函数，分别为分类损失和回归损失。采用 Softmax 函数代替支持向量机进行分类，共输出 $N+1$ 类。Softmax 函数引入了类间竞争，因此，分类效果优于支持向量机。Softmax 函数的相关公式如下：

$$Softmax(T_c) = P_c = \frac{e^{T_c}}{\sum_{c=0}^{c} e^{T_c}} \tag{8-3}$$

$$r_c = \sum_{ij} r_c(i,j|\theta) \tag{8-4}$$

式中，c 为输出节点的个数；T_c 为输出值；r_c 为由感兴趣区域池化产生的 c 维向量；$(i,j|\theta)$ 为第 i 行、第 j 列的感兴趣块。

分类损失采用交叉熵损失，避免了 sigmoid units 收敛过慢的问题，见式（8-5）。预测值与真实值差得越多，交叉熵损失越大，也就是说对当前模型的"惩罚"越大，而且是非线性增大。这是由对数函数本身的特性所决定的。这样的好处是模型会倾向于让预测值更接近真实值。

$$L_{cls}(p, c) = -\log p_c \qquad (8-5)$$

式中，p_c 是正确类别对应的输出节点的概率。输出的是每个类的边界框位置，其定义如下：

$$L_{bbreg}(t, v) = \sum_{i \in \{x, y, w, h\}} smooth_{L_1}(t - v) \qquad (8-6)$$

$$smooth_{L_1}(x) = \begin{cases} 0.5x^2, & |x| < 1 \\ |x| - 0.5, & \text{其他} \end{cases} \qquad (8-7)$$

式中，$t = (t_x, t_y, t_w, t_h)$ 表示预测框的位置坐标，$v = (v_x, v_y, v_w, v_h)$ 表示真实框的位置坐标。

多任务函数的代价函数为交叉熵损失和回归损失的和，其方程如下：

$$L(p, t) = L_{cls}(p, c) + \lambda(c) L_{bbreg}(y, v) \qquad (8-8)$$

式中，当 $c > 0$ 时，$\lambda = 1$；当 $c = 0$ 时，意味着此为背景框，不产生回归位置，$\lambda = 0$。

C. Fast R-CNN 速度提升的原因主要集中于以下三点：

a. R-CNN 把一张图像分解成大量的建议框，每个建议框拉伸形成的图像都会单独通过卷积神经网络提取特征。这些建议框之间大量重叠，特征值之间完全可以共享，造成了运算能力的浪费。Fast R-CNN 将整张图像归一化后直接送入卷积神经网络，在最后的卷积层输出的特征图上，加入建议框信息，使在此之前的卷积神经网络运算得以共享。

b. 在采用支持向量机分类之前，R-CNN 将提取的特征存储在硬盘上。硬盘上大量的读写数据会导致训练速度缓慢，这种方法造成了训练性能下降。Fast R-CNN 在训练时，只需将一张图像送入网络，每张图像一次性地提取卷积神经网络特征和建议区域，在 GPU 内存里直接进行多任务损失函数运算，从而大大提高了数据存取速度。

c. R-CNN 中独立的分类器和回归器需要大量特征作为训练样本，需要大量的硬盘空间。Fast R-CNN 把类别判断和位置回归统一用深度网络实现，不再需要额外存储。

（4）Faster R-CNN。

通过各种各样的改进，Fast R-CNN 算法提升了检测的速度。但是，以上算法均采用选择性搜索算法生成候选区域。这一生成过程依赖于分割算法，难以融入 GPU 的计算，大大降低了计算效率，无法保证实时性。继 2014 年推出 Fast R-CNN 之后，目标检测界的领军人物 Ross Girshick 团队在 2015 年推出 Faster R-CNN，使简单网络目标检测速度达到 17 fps，在 PASCAL VOC 上准确率为 59.9%，复杂网络检测速度达到 5 fps，准确率为 78.8%。

A. Faster R-CNN 算法。如图 8-25 所示，Faster R-CNN 算法的主要流程如下：

a. 输入测试图像。

b. 将整张图片输入卷积神经网络，进行特征提取。

c. 用区域建议网络预测建议窗口，每张图片生成 300 个建议窗口。

d. 把建议窗口映射到卷积神经网络的最后一层卷积特征图上。

e. 通过感兴趣区域池化层使每个建议窗口生成固定尺寸的特征图。

f. 利用多任务损失函数，即 Softmax 损失函数和 $smooth_{L_1}$ 损失函数对分类概率和边框回归联合训练。

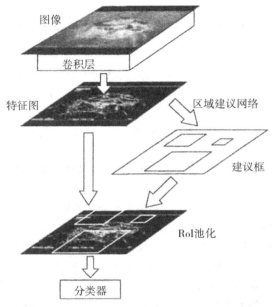

图 8-25　Faster R-CNN 结构

　　Faster R-CNN 在 Fast R-CNN 的基础上，把选择性搜索算法替换成区域建议网络（region proposal net，RPN），从而将目标区域的提取任务融入了卷积神经网络，形成了端到端的学习训练方式，进一步提高了计算速度。如图 8-26 所示，区域建议网络依靠在共享特征图上一个滑动的窗口，为每个位置生成 k 种锚框。k 为一种依据经验选取的超参数，通常设置为 9，即面积（128×128、256×256、512×512）和长宽比（$1:1$、$1:2$、$2:1$）的两两组合。

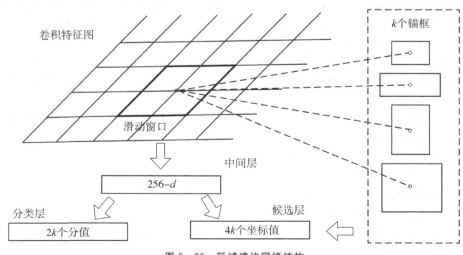

图 8-26　区域建议网络结构

B. 区域建议网络的主要功能如下：

a. 判断目标还是背景。设定正样本的 *IoU* 阈值为 0.7，即 *IoU*＞0.7 为物体。通过非极大值抑制的方法选取大约 2000 个锚框。取置信度最高的前 300 个锚框为候选区域。区域建议网络仅仅用来粗略区分目标和背景，不对目标类别进行细分。因此，分类层得到 $2k$ 个置信度，2 表示目标与背景两类。

b. 坐标修正，找到锚框与候选区域的映射关系。通过平移和缩放操作，得到候选区域输出，送入感兴趣区域池化层。其中，坐标修正需要四个坐标值(x，y，w，h)，因此，回归层得到 $4k$ 个位置坐标。

C. Faster R-CNN 的主要改进如下：

a. 使用 RPN 代替原来的选择性搜索方法产生建议窗口。

b. 产生建议窗口的 CNN 和目标检测的 CNN 共享。

Faster R-CNN 创造性地采用卷积网络自行产生建议框，并且和目标检测网络共享卷积网络，使建议框数目从原有的 2000 个减少为 300 个，提高了建议框的质量。

(5) R-FCN(region-based fully convolutional network)。

Faster R-CNN 解决了候选区域的问题，并且实现了区域建议网络和 Fast R-CNN 网络的卷积层共享。但是这种共享仅仅停留在第一卷积部分，感兴趣区域池化之后的部分没有实现完全共享。这种"部分共享"导致 2 个损失：①信息损失，精度下降；②由于后续网络部分的不共享，重复计算全连接层参数，全连接层计算量大于全卷积层。因此，Faster R-CNN 的计算效率有待提升。如图 8 - 27 所示，R-FCN 以 Faster R-CNN 和全卷积神经网络(fully convolutional network，FCN)为基础进行改进，提出了位置敏感区域池化层(position-sensitive RoI pooling)，将目标的位置信息融入感兴趣区域池化，从而提高计算效率。

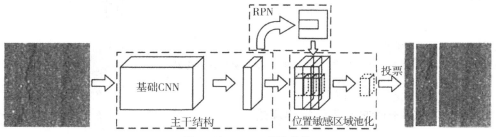

图 8 - 27　R-FCN 网络结构

如图 8 - 28 所示，首先，在共享卷积网络最后一个特征图处，一方面利用区域建议网络提取候选区域，另一方面随机利用 $4 \times k^2 \times (C+1)$ 个 1024 维的 1×1 的卷积核对特征图进行卷积。1×1 的卷积核能够降低特征维度，在程度上避免过拟合。由此，生成了 $4 \times k^2 \times (C+1)$ 深度的位置敏感得分图，其中，C 为目标种类，+1 对应背景，4 对应于回归位置信息需要的 4 个位置坐标值，即一个角的坐标和预测框的宽和高。采用 1024 维的卷积核是因为共享卷积网络在最后一层输出 2048 维的特征图。然后，将候选区域映射到这个位置敏感得分图上，这样所有候选区域在位置敏感得分图上的深度就是

$4 \times k \times k \times (C+1)$，$k \times k$ 代表把区域建议框划分为 $k \times k$ 块。如果一个区域建议框大小为 $w \times h$，则每一块的尺寸为 $w/k \times h/k$。区域建议框上每个块都会占据 $k \times k$ 个通道之一。接下来，对区域建议框进行位置敏感区域池化，左上角的块，是由其对应的通道（对应的 $k \times k$ 区域）中左上区域里的像素进行池化的结果。这样得到候选区域左上角的第一个值。同理，其他位置也使用相同的池化，就可以得到池化后的感兴趣区域，其尺寸为 $k^2 \times (C+1)$。最后，对每个感兴趣区域进行平均池化（average pooling），得到 $C+1$ 维的向量，将这些向量输入输出层用来分类和回归。位置敏感得分图上所有的位置敏感区域池化都是共享进行的，只是所需的区域不同。因此，F-FCN 网络真正做到了完全共享，大大提高了检测效率。

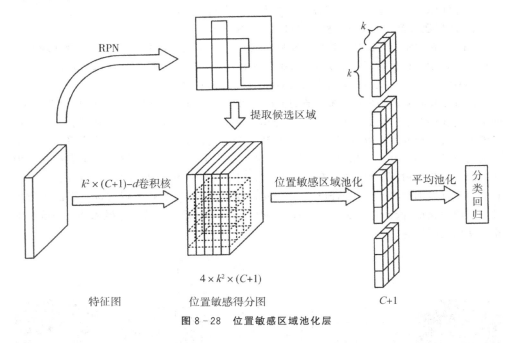

$4 \times k^2 \times (C+1)$

特征图　　　　位置敏感得分图　　　　　　　　$C+1$

图 8 - 28　位置敏感区域池化层

8.2.3　基于回归的目标探测算法

基于回归的目标检测与识别算法通过在卷积层上生成网格来回归目标，不需要反复观察一张图片，从而避免了目标建议区域的生成，节省了图像的处理时间。但是相比于滑动窗口的目标检测与识别算法，基于网格划分的回归的目标检测与识别算法提高了运算效率却降低了对目标检测的精确性。

（1）Yolo。

从 R-CNN 到 Faster R-CNN，一直采用建议框和分类结合的思路。其中，建议框提供位置信息，分类提供类别信息。这些算法的检测精度很高，但是速度无法满足实时检测。Yolo 提供了另一种更为直接的思路：直接在输出层回归预测框的位置坐标和类别，从而将目标识别的问题转化成回归的问题。

如图 8－29 所示，Yolo 将输入图像分成 $S \times S$ 个格子，每个格子负责检测中心位置坐标"落入"该格子的物体。每个格子输出 3 个可能的预测框坐标信息（x，y，w，h），以及 C 类置信度得分。其中（x，y）是指当前格子预测框的中心位置坐标，（w，h）是框的宽度和高度。置信度得分反映当前预测框是否包含物体以及物体位置的准确性，计算方式见式（8－9）：

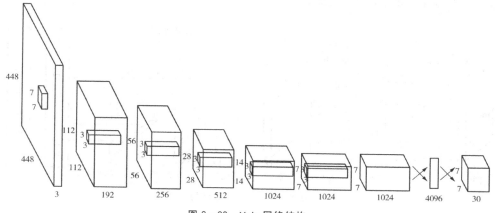

图 8－29　Yolo 网络结构

$$置信度 = P(object) \times IoU \qquad (8-9)$$

式（8－9）中，若预测框包含物体，则 $P(object) = 1$；否则，$P(object) = 0$。IoU 为预测框与目标真实区域的交集面积。因此，Yolo 网络最终的全连接层的输出维度是 $S \times S \times (B \times 5 + C)$。Yolo 在论文中训练采用的输入图像分辨率是 448×448，$S = 7$，$B = 2$；采用 VOC20 类标注物体作为训练数据，即 $C = 20$，因此输出向量为 $7 \times 7 \times (20 + 2 \times 5) = 1470$（维）。

A. Yolo 具有如下优点：

a. 检测速度快。Yolo 将物体检测作为回归问题进行求解，整个检测网络结构简单。在 NVIDIA TITAN X GPU 上，保证检测准确率的前提下（63.4% MAP，VOC 2007 test set），可以达到 45 fps 的检测速度。

b. 背景误检率低。Yolo 在训练和推理过程中能"看到"整张图像的整体信息，而基于 region proposal 的物体检测方法（如 R-CNN/Fast R-CNN），在检测过程中，只"看到"候选框内的局部图像信息。因此，若当图像背景（非物体）中的部分数据被包含在候选框中送入检测网络进行检测时，容易被误检测成物体。测试证明，Yolo 对于背景图像的误检率低于 Fast R-CNN 误检率。

c. 泛化能力强。Yolo 对于艺术类作品中的物体检测同样适用。它对非自然图像物体的检测率远远高于 DPM 和 RCNN 系列检测方法。

B. 相比基于候选区域的目标探测算法，Yolo 具有以下缺点：

a. 识别物体位置精准性差。

b. 召回率低。

（2）SSD。

发表于 ECCV－2016 的 SSD 算法（图 8－30）是继 Faster R-CNN 和 Yolo 之后又一个杰出的目标检测算法。SSD 算法是 Faster R-CNN 和 Yolo 的结合。它采用了类似 Yolo 的回归模式，在一个网络中直接回归出目标的类别和位置，因此检测速度很快。SSD 也采用了类似于 Faster R-CNN 的锚框概念。与 Faster R-CNN 和 Yolo 相比，SSD 算法的识别速度和性能都得到显著提高。

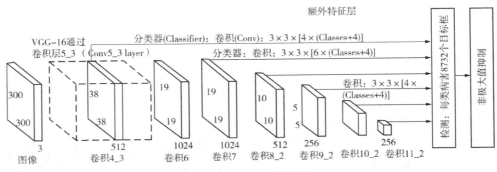

图 8－30　SSD 网络结构

B. SSD 算法的主要改进有以下两点：

a. 多尺度特征提取层。单一尺度的特征图对裂缝等细小目标的识别效果较差。在基础神经网络的尾部添加了多尺度特征提取层，使网络可以预测不同尺度的目标，从而提升了模型的准确度。多尺度特征提取层在选定的特征图上进行 2 次计算，一次是连接下一层的卷积网络计算，另一次是在该特征图上滑动锚框，并计算分类置信度和位置偏差得到预测框。将多个尺度特征图的预测框汇总输出，使检测结果具有多尺度的特征。

b. 多纵横比的锚框。共享卷积神经网络输出特征图，在选定层（conv4_3、conv7、conv8_2、conv9_2、conv10_2）的特征图上滑动一个小窗口，每个窗口根据 6 个纵横比（1：1、2：2、1：2、2：1、1：3、3：1）得到 6 个不同的锚框。每个锚框要预测 2 个分类置信度（是否为裂缝）和 4 个位置偏差（水平坐标偏差、竖直坐标偏差、长度偏差、宽度偏差）。对于一个分辨率为 $m \times n$ 的特征图，就有 $(2+4) \times 8 \times m \times n$ 个锚框输出。这里使用的锚框和 Faster R-CNN 的相似，但是增加了锚框的纵横比。而且，在不同尺度的特征图上使用不同长宽比的锚框，可以有效地离散化预测框输出空间，使预测能够更加逼近真实框。学习的目的就是使预测框相对于锚框的偏移量接近真实框相对于锚框的偏移量，从而根据锚框的位置准确地预测出建议框的位置。在测试时，通过计算预测框的得分，将这些预测框得分由高向低排序，使用非极大值抑制选择最终的预测框。

在训练的损失计算阶段，SSD 同样采用了 $smooth_{L_1}$ 损失函数进行位置回归[式（8－10）、式（8－11）]。$smooth_{L_1}$ 损失函数比 L_1 损失函数收敛快，比 L_2 损失函数梯度变化小，训练稳定。

$$L_{bbreg}(t, v) = \sum_{i \in \{x,y,w,h\}} smooth_{L_1}(t_i - v_i) \tag{8-10}$$

$$smooth_{L_1}(x) = \begin{cases} 0.5x^2, & |x| < 1 \\ |x| - 0.5, & |x| \geqslant 1 \end{cases} \tag{8-11}$$

式中，这里的 $t_x = \dfrac{x_p - x_a}{w_a}$，$t_y = \dfrac{y_p - y_a}{h_a}$，$t_w = \log\dfrac{w_p}{w_a}$，$t_h = \lg\dfrac{h_p}{h_a}$ 分别代表预测框相对于锚框坐标的偏差；$v_x = \dfrac{x_g - x_a}{w_a}$，$v_y = \dfrac{y_p - y_a}{h_a}$，$v_w = \lg\dfrac{w_p}{w_a}$，$t_h = \lg\dfrac{h_p}{h_a}$ 分别代表真实框相对于锚框坐标的偏差。

在预测阶段则与训练过程相反，通过坐标偏差与锚框的坐标值，计算预测框的坐标值，具体方程见下式：

$$\begin{aligned} x_p &= x_a + t_x + w_a \\ y_p &= y_a + t_y + w_a \\ w_p &= w_a + e^{t_w} \\ h_p &= h_a \times e_h^t \end{aligned} \tag{8-12}$$

（3）Yolo v2。

Yolo 有 2 个缺点：一个在于定位不准确，另一个在于和基于 Region Proposal 的方法相比召回率较低。因此，Yolo v2 主要是要在这两方面做提升。另外 Yolo v2 并不是通过加深或加宽网络达到效果提升，而是通过简化网络。

A. 批量归一化。批量归一化可以提高模型收敛速度，减少过拟合。Yolo v2 在所有卷积层应用了批量归一化，检测准确度提升了 2%。同时，去除了"随机先活"（dropout）的影响，而不会过拟合。

B. 高分辨率分类器。基于 Image Net 数据集的预训练模型输入图像尺寸小于 256×256。Yolo 接受图像尺寸为 224×224。Yolo v2 首先采用 448×448 分辨率的 Image Net 数据微调使网络适应高分辨率输入，检测准确度提升了 4%。

C. 锚框。Yolo 采用全连接层来直接获得预测框，Faster R-CNN 采用区域建议网络预测锚框相对于真实框的偏移和置信度。Yolo v2 去除了 Yolo 的全连接层，采用锚框预测边界框。首先，Yolo v2 去除了 1 个池化层，从而提高了卷积层输出分辨率。然后，修改网络输入尺寸：由 448×448 改为 416×416，使得特征图只有 1 个中心。Yolo v2 的卷积层下采样率为 32，因此输入尺寸变为 416，输出尺寸为 13×13。同时，Yolo v2 采用锚框，提升了精确度。Yolo 模型精确率为 69.5%，召回率为 81%。采用锚框后，精确率为 69.2%，召回率为 88%，解决了 Yolo 召回率低的缺点。

D. K-means 聚类。选择更好的锚框，可以让模型更加容易学习。Yolo v2 采用 K-means 聚类方法自动选择最佳的初始锚框。为了提高锚框与真实框的 IoU 值，定义公式为：

$$d(box, centroid) = 1 - IoU(box, centroid) \tag{8-13}$$

在分析了聚类的结果并平衡了模型复杂度与召回率后，Redmon 等选择了 $k = 5$。

E. 直接的位置预测。Yolo 模型训练具有不稳定性，大部分不稳定因素来源于预测边界框位置。Redmon 等将偏移量的预测改变为位置匹配性的预测，将预测值限定在 0～1 范围内，增强了训练的稳定性。对每个预测框，模型预测 5 个匹配性值。通过对比，采用聚类算法选择锚框和直接预测边界框中心位置的方法，使模型准确率提高了 5%。

F. 细粒度特征(fine-grained features)。Yolo 对 13×13 的特征图进行目标检测。更精确的特征可以提高对小目标的检测。Redmon 等将最后一层的 13×13 特征图和前一层的 26×26 特征图进行连接以增加细粒度特征,从而将高分辨率特征和低分辨率特征结合。这种方法的检测准确度提升了 1%。

G. 多尺度训练(multi-scale training)。Yolo v2 模型只包含卷积层和池化层,可以随时改变输入尺寸。在训练时,每隔 10 个迭代改变 1 次输入图像尺寸,使模型对不同尺寸图像具有鲁棒性。这种训练方法强迫模型去适应不同分辨率的输入图像。模型对于小尺寸的输入处理速度更快,因此 Yolo v2 可以按照需求调节速度和准确率。在低分辨率情况下(288×288),Yolo v2 和 Fast R-CNN 的准确率接近,检测速度达到 90 fps。在高分辨率情况下,Yolo v2 在 VOC2007 数据集上的检测准确率可以达到 78.6 MAP(mean average percision,均值平均精度)。

Redmon 等通过对 Yolo 网络结构和训练方法进行改进,提出了 Yolo v2 实时目标检测算法。在保证准确率的同时,Yolo v2 可以适应不同尺寸的输入图像,根据需要调整检测准确率和检测速度,实现快速检测。

(4)Yolo v3。

Yolo v3 站在前人的肩膀上进行了改进,在保证准确度的同时,提升了检测速度。在检测准确度方面,Yolo v3 略胜于 SSD,与 Faster R-CNN 几乎持平。Yolo v3 的检测速度是 SSD 和 Faster R-CNN 的 2 倍以上。当输入尺寸为 320×320 时,Yolo v3 对单张图片的检测仅需 22 ms。Yolo v3 的网络结构图如图 8-31 所示。

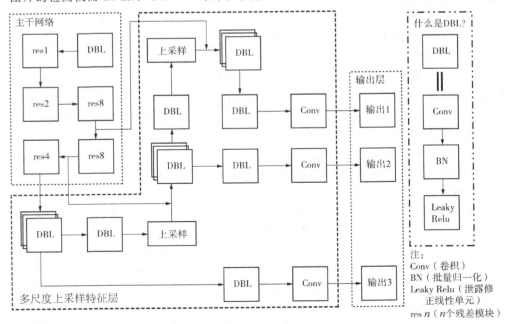

图 8-31　Yolo v3 网络结构

Yolo v3 的主要改进集中于以下三点：

A. 多级预测。浅层的大尺度特征图提供更多的分辨率信息。构成目标的像素数量直接反映分辨率信息。对于一个目标而言，像素数量越多，对目标的细节表现越丰富越具体，即分辨率信息越丰富。深层的小尺度特征图提供更多的语义信息。语义信息是区分目标和背景的信息。语义信息不需要很多细节信息，分辨率信息大，反而会降低语义信息。对于小目标而言，小尺度特征图无法提供必要的分辨率信息。因此，需要结合大尺度的特征图进行检测。这就是多级检测，即多尺度特征检测。

Yolo v3 通过多级预测的方法，解决了 Yolo 对小目标检测准确度低的问题。与 SSD 算法相似，Yolo v3 进行了 3 次检测，分别是在 32 倍降采样、16 倍降采样、8 倍降采样时进行检测。通过上采样(up-sampling)的方法，Yolo v3 将不同尺度的特征层拼接在一起，从而使征同时具有分辨率信息和语义信息。Yolo v3 使用了步长为 2 的上采样，将 32 倍降采样得到的特征图尺寸提升 1 倍，也就成了 16 倍降采样后的维度。同理，8 倍采样也是对 16 倍降采样的特征进行步长为 2 的上采样。这样可以使深层特征与浅层特征合并进行检测。

B. logistic 损失函数。Yolo v2 采用 Softmax 函数获取类别得分，并采用最大得分的标签表示边界框内的目标。但是，Softmax 函数依赖于相互独立的分类。当目标类别复杂时，采用 logistic 回归分类更有效。Yolo v3 对每种类别采用 logistic 回归函数，对锚框包围的部分进行目标性评分，即这块位置是目标的可能性。这一转变能够去掉不必要锚框，从而减少了计算量。

C. Darknet - 53 基础网络。Darknet - 53 借用了 Res Net 的思想，在网络中加入了残差模块，有利于解决深层次网络的梯度消失问题。如图 8 - 32 所示，图中最左侧的"1、2、8、8、4"代表有几个重复的残差模块，每个残差模块由 2 个卷积层和 1 个跳跃连接。整个 Yolo v3 结构没有池化层和全连接层，通过设置步长为 2 的卷积实现网络的下采样。通过采用残差的思想，增加了 Yolo v3 网络的深度，使模型能够提取更多的目标特征。

Yolo v3 借鉴了残差网络结构，形成更深的网络层次，以及多尺度检测，提升了 MAP 及小物体检测效果。采用 COCO MAP - 50 做评估指标，Yolo v3 的表现见表 8 - 1，在精确率相当的情况下，Yolo v3 的速度是其他模型的 3～4 倍。

表 8 - 1　不同网络的性能对比

算法网络	MAP - 50	用时/s
SSD321	45. 4	61
DSSD321	46. 1	85
R-FCN	51. 9	85
SSD513	50. 4	125
DSSD513	53. 3	156
FPN FRCN	59. 1	172
RetinaNet - 50 - 500	50. 9	73

续表 8-1

算法网络	MAP-50	用时/s
RetinaNet-101-500	53	90
RetinaNet-101-800	57.5	198
Yolo v3-320	51.5	22
Yolo v3-416	55.3	29
Yolo v3-608	57.9	51

	类型	核数	尺寸		输出	
	卷积	32	3	3	256	256
	卷积	64	3	3/2	128	128
1	卷积	32	1	1		
	卷积	64	3	3		
	残差				残差	残差
	卷积	卷积	卷积	卷积	卷积	卷积
2	卷积	卷积	卷积	卷积	卷积	卷积
	卷积	卷积	卷积	卷积	卷积	卷积
	残差	残差	残差	残差	残差	残差
	卷积	256	3	3/2	32	32
8	卷积	128	1	1		
	卷积	256	3	3		
	残差				32	32
	卷积	512	3	3/2	16	16
8	卷积	256	1	1		
	卷积	512	3	3		
	残差				16	16
	卷积	1024	3	3/2	8	8
4	卷积	512	1	1		
	卷积	1024	3	3		
	残差				8	8
	平均池化			全局		
	全连接			1000		
	Softmax函数					

图 8-32 Darknet 网络结构

（5）Yolo v4。

Yolo v4 算法是在原有 Yolo 目标检测架构的基础上，采用了近些年 CNN 领域中最优秀的优化策略，在数据处理、主干网络、网络训练、激活函数、损失函数等各个方面都有不同程度的优化。Yolo v4 是一个高效而强大的模型，使得任何人都可以使用一张 NVIDIA GTX 1080Ti 或者 NVIDIA RTX 2080Ti GPU 去训练一个超级快速和精确的目标检测器。

如图 8 - 33 所示，现有的目标探测算法主要包括主干、颈部和头部三部分。

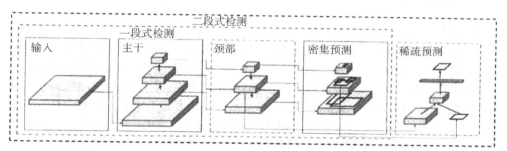

图 8 - 33　现有目标检测算法总结

主干是提取图像特征的部分，由于图像中的浅层特征比较相似，因此可以很好地借鉴一些设计好并且已经训练好的网络，如 VGG16、19，ResNet - 50，ResNet - 101，Darknet53，以及一些轻量级的网络，如 MobileNet V1、V2、V3，ShuffleNet1.2。

颈部是特征增强模块，对主干部分提取到的浅层特征进行加工、增强，从而使得模型学到任务特征。这部分典型的算法有 SPP、ASPP in deeplab V3 + 、RFB 和 SAM。

头部是算法最关键的部分，用于输出结果。

Alexey Bochkovskiy 等总结了现有的神经网络算法的提升方法，主要分为以下两类。

A. BoF（bag of freebies）。在目标检测中，BoF 是指使模型取得更好的准确率，但不增加模型的复杂度和推理计算量的方法。例如，数据增强的方法有图像几何增强、图像色彩增强、图像裁剪等；类别不平衡的处理方法有难例挖掘方法、损失函数的设计等。

B. BoS（bag of specials）。在目标检测中，BoS 是指增加的计算量很少，但是能有效地增加物体检测的准确率的方法。这部分插件模块能够增强网络模型的一些属性，增大感受域 ASFF、ASPP、RFB；引入注意力机制 SE（squeeze-and-excitation）、SAM（spatial attention module）；增加特征集成能力 FPN、ASFF、BiFPN；改进的激活函数：Swish，Mish；后处理方法：soft NMS、DIoU NMS 等。

Yolo v4 的骨干采用了 CSPDarknet53 网络，BoF 提升方法为 CutMix 和 Mosaic 数据增强、DropBlock 正则化和类标签平滑；BoS 提升方法为 Mish 激活、CSP 和多输入加权残差连接。颈部采用了 SPP、PAN 算法，头部继承了 Yolo v3 的方法。用于检测器的 BoF 方法为 CIoU-loss、CmBN、DropBlock 正则化、Mosaic 数据增强、自对抗训练、消除网格敏感性、余弦退火调度器、优化超参数和随机训练形状；用于检测器的 BoS 方法为 Mish 激活、SPP 块、SAM 块、PAN 路径聚合块和 DIoU – NMS。

采用以上办法，Yolo v4 算法在实时目标检测算法中精度最高，实现了精度和速度的最佳平衡。

8.3　探地雷达算法原理

探地雷达（GPR）法是一种频率通常为 5～3000 MHz 的电磁波探测方法，常用于探测地下结构和被埋物体。地下介质的变化会引起电磁波的反射，根据雷达图像反映的信息来推断地下目标的所处情况。1910 年，最初将探地雷达用于探测地下物体的理论成果由德国科学家 G. Leimbach 等以专利的形式提出。此后一直到 1971 年，美国的地球物理探测设备公司（GSSI）才实现突破，研制出第一台商业用途的探地雷达设备。在 1910 年到 20 世纪 60 年代这一初级阶段中，探测在有耗介质中传播的电磁波是研究的主要内容。20 世纪 60 年代中后期，在探测低耗介质（如冰层）时，使用了改进的雷达天线，从而获得了较好的信噪比结果，这也成为现代 GPR 的雏形。到 1969 年，探地雷达技术逐渐趋向成熟，美国成立了 GSSI 公司，其开始研制和销售商业用途的探地雷达设备。从南北两极冰层勘察、矿产勘探到文物考古、军事国防，探地雷达设备应用领域逐渐扩大。在 20 世纪 80 年代后期，日本 OYO 公司的 Georadar 雷达、A-Cubed 公司的低频数字探地雷达，以及美国军队与西南研究所的钻孔雷达接连问世，探地雷达实现了在公路交通、土质探测等领域的成功应用。1990—1995 年，加拿大 SSI 公司和瑞典 MALA 公司等开展 GPR 业务的公司接连成立，探地雷达的技术进步和应用拓展达到了一个新的高峰。

在微电子技术发展进步的基础上，探地雷达设备的外形也有了一定的变化，国内外设备均从早期的庞大笨重、不便移动变得小巧轻便、便于移动。GPR 设备的功能也逐渐细分，从通用设备向专用设备变化，如专用的公路路面雷达、文物考古探测雷达等。另外，雷达采集数据的方式也有所发展，多道或阵列采集正在慢慢取代单道采集，前者易于实现 GPR 的三维、多偏移距数据采集，相应的设备的探测信号更加稳定，探测得到的信息量也更加丰富。

美国 GSSI 公司的 SIR 系列、M/A-Com 公司的 Terrascan MK 系列、加拿大 SSI 公司的 Pulse EKKO 系列等，这些国外的 GPR 设备的研发已经基本成熟。以上的设备均属于宽带雷达系统，多为时间域设备，基带脉冲、无载波脉冲是其天线发射的主要信号。为了实时显示和处理采集的数据，大部分最新研发的设备都是主控单元、显示单元加天线的结构。其中，美国 GSSI 公司的 SIR 系列较为突出，通过多通道采集和多个不同频率的天线同时采集，可以获得具有不同分辨率和深度的雷达图像。

20 世纪 70 年代，国内也开始研制 GPR 设备，地质矿产部物探研究所、中国科学院、大连理工大学等单位均做过野外试验和 GPR 仪器研制工作。不过这些设备未能真正实现商品化，大多停留在理论研究和样机研制的阶段。商用的探地雷达设备在 20 世纪 90 年代后期出现。中国电波传播研究所的 LTD 系列,作为目前自研技术水平先进、功能完备可靠的探地雷达设备,已经能够通过三维成像来对地下目标进行更精准可靠的探测。

国内科研人员和管线探测工作者的刻苦钻研与不懈努力,促成了在理论和实践中的诸多成果。2005 年杨向东等探测了深圳某大道顶管施工的地下管线,在复杂环境下,利用探地雷达设备探测地下管线,尤其是目前多用的排水(管)渠等非金属管材,取得了较好的探测效果。2009 年赵永锋等的试验也取得了理想的效果,使用探地雷达设备探测非金属燃气和给水管线,验证了 GPR 技术用于生产实际的巨大应用潜力。陈军等得到了较清晰的剖面图像,利用探地雷达探测江苏丹阳某工地深埋天然气管道,成功确定了管道的埋置方位。焦洁等利用探地雷达的探测结果,在沈阳市政排水管道改造工程中辅助顶管施工路线选择的改动方案的确定,保障了施工进程顺利开展。我国探地雷达研制的技术水平正在稳步提升,其中某些技术指标已达到甚至超过国外同类设备。国内自研探地雷达设备已具备一定的竞争力,众多科研工作者也正在为深入研究而努力钻研。

8.4　探地雷达图像检测

8.4.1　检测方法概述

探地雷达的理论方面的研究与硬件设备的发展互为补充、相辅相成。一方面,电磁场理论是探地雷达技术的核心;另一方面,探地雷达设备因微电子技术的进步而发展迅速,对深入研究探地雷达的各种理论起到了促进作用。

随着探地雷达功能细分和专用化设备的发展,用于地下管线探测的设备也投入使用。设备进行管线识别的功能也变得更加强大,包括材料判断、管径大小、管线裂缝病害等。在探测过程中,电磁波理论、GPR 原理结合起来进行判断,可以推断出雷达回波与双曲线的形状类似。管线识别的方法主要有 3 种:①采用时域有限差分法(finite difference time domain,FDTD),通过正演运算的方式来进行地下管线回波的模拟;②对于复杂的探测环境,处理回波信号时,采用反褶积、偏移处理等;③自动识别。

在我国科研学者和技术人员的不懈努力下,地下管线识别也颇有成果。主要思路为通过多次雷达波间距,推导出运算公式,对照验证。在基于广义霍夫变换的地下管线识别方法中,线性化双曲线,转化到参数域,以概率最大的原则选择参数,最后将地下管线的特征推断出来。

目前,人工智能相关产业蓬勃发展,图像检测与识别技术广泛应用在金融、文娱、交通等众多领域。图像识别技术的原理为,通过计算机完成对图像的处理、分析及理解,从而检测和识别具有不同特征的目标和对象。随着计算机技术、信息工程等领域的进步,图像识别也有了迅猛的发展,不断有新的目标检测与识别的算法出现。探地雷达剖面本身也属于一种数字图像,所以一部分科研人员另辟蹊径,开始运用图像识别领域的方法结合探地雷达图像特征,最终达到识别地下物体的目的。将基于图像处理的探地雷达目标智能识别与传统的参数拟合相结合，理论上可以推导出地下物体的真实位置信息与介质的物理参数等。

总体来说，坐标变换、模板匹配、传统机器学习和神经网络等方法是探地雷达信号自动识别中的常用方法。广义霍夫变换是最早用于探地雷达图像中的双曲线信号智能识别的方法之一。1988 年，J. Illingworth 等首先使用霍夫变换进行探地雷达双曲线检测。2004 年，陈德莉等应用滑窗统计方法实现探地雷达目标检测，但该方法要求探地雷达数据有较高的信噪比，而且很难避免目标区域误判的发生。2006 年，胡进峰等结合图像分割与模板匹配，使用探地雷达进行探测，成功定位地下目标，该方法的不足主要体现在它需要介电常数等先验知识作为基础。2006 年，W. Alnuaimy 等将短时傅里叶变换应用到 GPR 数据处理中，认为探测目标是瞬时频率相近的回波区域。在利用探地雷达识别溶洞目标时，李才明等采用了小波能谱分析，发现误判的原因主要是相关频率区域的干扰。2009 年，在不借助介电常数等先验知识的条件下，采用列文伯格－马夸尔特最优化算法和迭代法，Aleksandar 等成功使波速估计值更加精准，可推断出目标的半径与波速等信息。2013 年，Maas 等利用 Viola-Jones 算法缩小感兴趣区域，然后使用霍夫变换来拟合双曲线，但这种方法耗时且鲁棒性不好。后来，国内外逐渐有研究人员将人工智能算法专门与埋深圆柱状的地下目标检测相结合。2009 年 Pasolli 等提出利用 SVD 实现对探地雷达图像的目标材质进行识别。2013 年，项雷等采用支持向量机初步实现了公路隧道检测中的雷达图像的自动解译。2014 年，Shang guan 等采用神经网络为基础的模式识别方法进行目标检测与识别。郑晶等提出了一种边缘信息结合霍夫变换的自动识别地下管线的检测方法。从既有的研究成果来看，在探地雷达剖面图像的自动检测和识别中，采用神经网络的算法可大幅提升效率，精确率也可以达到工程实际应用的要求。

8.4.2　智能检测方法

随着生活生产中非金属管线逐渐增多，探地雷达探测成为地下管线探测的常用手段。现阶段的 GPR 图像识别方式通常为人工解释，而人工解释的不确定性难以解决，无法实现精确、定量的解释。此外，人工解释的识别效率相对低下，在解决地铁施工项目等大量的地下管线调查问题时无法满足需求。在进行探地雷达剖面图像信息解释时，因为剖面图片中反映的地下管线处在地下复杂未知的环境中，存在各种噪声源的不利影响，所以采集到的雷达图像难以包含足够的有效信息。这样带来的危害是掩盖或者混淆某些重要的细节信息，图像质量较差，从而影响科研工作者或者探测工作人员进行解译和判断。

在人工智能快速发展的今天，越来越多的人加入深度学习的研究中。图像识别技术继续发展，其应用领域逐渐扩大，如交通标志的识别、人类虹膜的识别、动物的识别等。在当前阶段，深度学习的相关理论和算法模型不断完善，成功在图像识别等领域取得了重大突破，尤其是 CNN 的运用使检测和识别效果明显提升。雷达图像智能检测，即在深度学习的基础上，完成地下管线的探地雷达剖面图像的自动识别，通过研究对比调试优化目标检测与识别算法，与管线普查工程实际相结合，验证了其可行性和应用潜力。

(1)基本方案。

在进行地下管线的探地雷达剖面图像识别时，检测流程如图8-34所示。

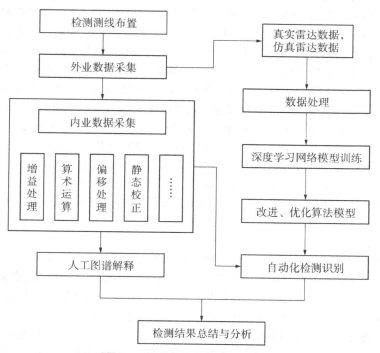

图8-34　雷达图像智能检测流程

在图像识别的网络中，整幅雷达图像被输入网络。开始时要进行候选区域提取(生成)，而候选区域是有可能包含目标的区域，因此要尽量地把图像中地下管线的特征信息包含在内。网络模型发展进步的方向和大致历程可以概括为训练时间的缩短、占用内存空间的缩小、可处理数据量的增多。ROI池化层和RPN网络是3种CNN网络模型实现进步的重要原因。想要实现有效的特征信息提取，进而达到高效率的地下管线信息识别，应该把全部的检测识别过程完全融入深度学习网络里，在GPU上把所有流程步骤运行完毕。因为Fast R-CNN满足这些条件，而且能做到端到端的运算和训练过程，所以检测模型基于Fast R-CNN进行开发，发挥RPN网络的优点，进行地下管线的探地雷达剖面图像自动识别的研究工作。

地下管线的雷达图像在输入网络时，可以是任意大小尺寸，即归一化的过程是不必要的。共享卷积层的作用是利用输入的雷达图像进行卷积操作。随着网络层数的加深，逐步进行对地下管线特征信息的提取过程。通过共享卷积层获得的特征信息有2个去向：一部分传输到ROI池化层，运行池化操作，进一步提取地下管线特征信息；另一部分传输到RPN网络，在候选区域特征提取后，获得对应的区域建议和区域得分。首先区域建议输入 ROI 池化层，运行池化操作；然后来到全连接层，与原始的 CNN 网络设计类似，其功能为分类判断和候选框回归；最后输出与候选区域相对应的图像定位回归包围框、图像分类得分。

（2）软硬件配置。

探地雷达采用美国 GSSI SIR－20 路面探测雷达，对约 15 km 市政沥青路面进行地下管线的探测。SIR－20 型雷达扫描速度为 800 线/秒，可快速检测；该雷达具有 2 个硬通道、4 个软通道，可同时接多根天线进行测量，提高了使用者的工作效率；现场进行实时数据采集和数据处理，操作平台为 Windows 2000/NT/XP；雷达天线，频率范围从 16 MHz～2.2 GHz；滤波器包括垂直时间域滤波和水平滤波；扫描速率为 2～800 次/秒，具有 DSP 数据快速采集系统，时基精度为 0.02%，信噪比大于 110 dB。

深度学习平台为 Caffe（convolutional architecture for fast feature embedding）平台。计算机设备条件为：Inter(R)Core(TM)i7－7800X CPU@3.50 GHz，6 核 12 线程处理器，运行内存(RAM)64.0 GB，NVIDIA TITAN V。模型搭载在 Ubuntu16.04 版本操作系统之上，使用深度学习框架 Caffe1.0 版本，计算机语言 Python2.7，并装载了并行计算构架 CUDA8.0 版本和基于 CUDA 的深度学习 GPU 加速库 CUDNN9.0 版本，在此基础上搭建智能检测网络模型。

（3）雷达数据集。

在深度学习的应用中，用于训练的样本数据集对于网络模型的良好运行至关重要。如果发生了样本数据集数目不足的情况，就有可能导致不能收敛或者过拟合的后果。原始数据数量较少，对其进行数据扩增操作。数据集扩增的方法主要在图像和视频（视频也主要是采用分帧图像实现的）领域使用，即对图像进行某种尺寸变化、颜色转化等。比较常见的图像处理方法包括反转、平移、缩放、裁切、亮度变化、颜色变换、模糊、灰度等。与原始的数据集相比较，在扩增后的数据集上进行网络模型训练，可以实现更好的性能。针对雷达图像，采用反转镜像、平移裁剪和颜色变换等方法，如图 8－35 所示，没有对原图像进行形变和噪声的改变，不会影响地下管线检测的准确率。

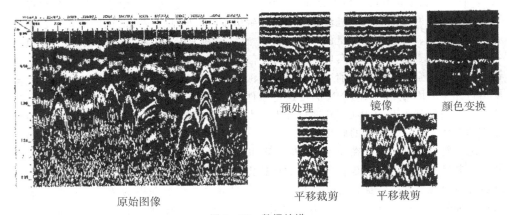

原始图像　　　　　　　　　预处理　　　　镜像　　　颜色变换

平移裁剪　　　平移裁剪

图 8－35　数据扩增

（4）评价指标。

准确率是指预测结果中表示正确预测的样本（真阳性和假阳性之和）与所有样本的比值。

$$准确率 = \frac{TP + TN}{TP + FP + TN + FN} \times 100\% \qquad (8-14)$$

式中，TP、FP、TN、FN 分别表示真阳性、假阳性、真阴性、假阴性的个数。但当目标类别不平衡时，准确率不能体现对模型的综合评价，应以精确率-召回率曲线或者平均精度（average-precision，AP）作为评价指标。召回率是指真阳性样本与实际阳性（真阳性和假阴性）样本的比例。精确率是真阳性样本与预测阳性（真阳性和假阳性）样本的比率。

$$召回率 = \frac{TP}{TP + FN} \times 100\% \qquad (8-15)$$

$$精确率 = \frac{TP}{TP + FP} \times 100\% \qquad (8-16)$$

如果一个分类器的性能比较好，那么它应该有如下的表现：在召回率增长的同时，精确率保持在一个很高的水平。而性能比较差的分类器可能会损失很多精确率才能换来召回率值的提高。精确率-召回率曲线常用来显示分类器在精确率与召回率之间的权衡。平均精度是精确率-召回率曲线下方包围的曲面面积，可以合理地评价算法的有效性。通常来说一个性能越优异的分类器，平均精度值越高。

8.4.3　检测结果评价分析

智能检测研究包括重新随机生成数据集、增减数据集容量、增减迭代次数等检测实验，由实验结果知，既能保证较高的识别准确率，又能使模型训练的时间不至于过长的较优方案为 VGG-16 网络模型，迭代 3500 次，AP 保持在 90% 以上。利用 Caffe 绘制模型训练相关信息的图像，如图 8-36 所示。

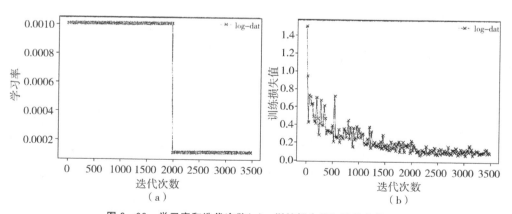

图 8-36　学习率和迭代次数（a），训练损失值和迭代次数（b）

利用该模型进行 demo 图像及镜像、平移裁剪和颜色变换等处理后得到的图像来测试模型的检测性能。各图像地下管线区域边框置信度分数如图 8-37 所示。

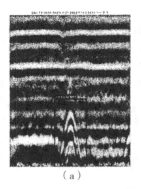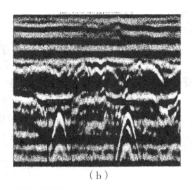

（a）　　　　　　　　　　　（b）

图 8-37　测试效果

通过深度学习，地下管线的特征信息得到更有效的识别研究，基本能够精确且高效地检测到地下管线的存在，具有很好的研究前景和发展潜力。规定当置信度不低于 0.8 时才会显示出矩形边框。各个经过处理后的图像测试对应的置信度得分大致相同，基本上都能准确地判断出该图像中具有的地下管线特征信息，这也体现了该模型具有良好的鲁棒性；在识别图像时，具有良好的速度，且可以有效识别多个目标特征，包括复杂交叉重叠的情况，效果准确可靠。

第9章 基于三维点云的排水管道检测（管道全景量化检测）技术

9.1 概　　述

排水系统是城市雨水排放、水污染防治和水生态保护的重要保障，不仅是保证城市生存、持续发展的重要基础设施，还是城市水循环的生命保障。近年来，随着城市规模的扩大，我国城市排水管道的总长度快速增长。为了防止排水管道缺陷引发安全问题，检测部门需要投入大量人力、物力对排水管道进行巡检。

传统的管道缺陷检测方法在借助电视、声呐、雷达等工具的基础上，对管道缺陷进行人工判断，这些检测方法都存在一定的问题，如巡线劳动力度大、数据处理困难及量测精度低。近年来，随着深度学习和三维点云的广泛使用，利用深度学习可以对排水管道的损伤进行检测，利用深度和二维图像结合的三维数据可以对损伤处进行体积测量。

三维激光扫描是集光、电和计算机技术于一体的高新尖技术，主要对物体的空间外形和结构进行扫描，以获得物体表面的空间坐标，其将实体的立体信息转换为数字化的可直接处理的数字信号，是对传统测量方法的革命性创新，极大提高了生产效率。目前该技术已被广泛应用于文物保护、工业应用、工程变形监测与测量等领域，尤其是隧道工程的三维模型、横纵断面分析、超欠挖分析、完工质量排查等。利用三维激光，全景测量的成果形成排查目标的三维模型，并在三维模型的基础上进行监测、检测、调查等相关数据分析。基于三维点云的排水管道检测（管道全景量化检测）应运而生（图 9-1）。

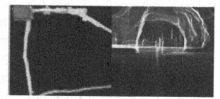

图 9-1　基于三维点云的排水管道检测（管道全景量化检测）

9.2　三维点云处理技术

9.2.1　三维点云

三维点云是分布在三维空间中的一组离散点，这是对象表面信息的离散样本。三维扫描技术的飞速发展使点云数据的收集变得更加轻松便捷，并且点云驱动的计算机图形越来越多地展示了其在逆向工程、数字城市、文物保护、人机交互、智能机器人和无人驾驶机器人中的广泛应用。点云处理技术包括点云采集、过滤、分割、配准、检索、特征提取、检测、跟踪、表面重建、可视化等方法和技术，以及图论、模式识别、机器学习、数据挖掘和深度学习的结合。点云处理技术在实际中的应用有同步定位和地图构建、三维模型检索、三维场景的语义分析及广义点云。

9.2.2　三维点云处理技术的应用

（1）测绘领域。

直接获取高精度三维地面点的数据是在高程数据及自动化处理方面对常规测量技术的重要技术补充。激光遥感测量系统在地形测量和制图、环境识别、三维城市建模、地球科学、行星科学等许多领域具有广阔的发展前景。它是目前可以实际应用的最先进的遥感系统，能够实时获取时间三维空间信息和地形表面图像信息。但是，在目前各种地面点提取算法中，算法结果与实际结果之间存在较大差异。

（2）无人驾驶领域。

无人驾驶车辆是具有自主驾驶行为的车辆。它是一款基于传统车辆的轮式移动机器人，添加了诸如环境意识、智能决策、路径规划和行为控制之类的人工智能模块，与环境互动，并做出适当的决策和行动来帮助驾驶员安全驾驶，具有良好的前景。无人驾驶的实现主要基于集成的 LiDAR 点云系统，该系统可以快速提取地球表面物体的三维坐标信息并实时对其进行定位，从而创建地图，有着其他方法无法比拟的优势：①快速的数据采集能力，沿途只需 1 次即可记录所有信息；②强大的抗干扰能力，任何时间均可完成数据收集；③点云密度高，数据量丰富，精度可靠；④可以获得实时的车辆姿态信息等。

（3）机器人领域。

移动机器人对工作环境的有效感知、识别和认知，是其自主行为优化和可靠执行任务的前提和基础。实现场景中对象的有效分类和识别是移动机器人进行场景识别的核心问题。当前，基于视觉图像处理技术的场景识别是该领域中的一种重要方法。但是，移动机器人在线捕获的视觉图像质量在很大程度上受到光线变化的影响，尤其是在较暗的场景中。随着 RGB-D 传感设备的大规模发展，机器人技术引发了深度信息和二维信息的结合。深度数据的引入使机器人能够更好地识别和识别环境。

在工业 4.0 的内涵中，特别强调了智能制造和网络物理系统（cyber-physical

system)的概念。智能意味着机器人具有有效的感知、辨识和认知技能，同时必须做出适当的决策。人们认为三维色点云数据是最接近人类视觉系统的数据。

（4）人机交互领域。

虚拟现实（virtual reality，VR）技术，也称为灵境技术，是一种先进的计算机人机界面，具有沉浸、交互和构想等基本功能。它使用了计算机图形学、模拟技术、多媒体技术、人工智能技术、计算机网络技术、并行处理技术和多传感器技术来模拟人类的视觉、听觉、触觉和其他感觉器官功能，使人们可以沉浸在通过计算机生成的虚拟世界中，并可以通过自然手段（如语言和手势）与之实时交互，以创建具有广泛应用前景的人性化多维信息空间。当前，各种交互式体感应用的引入使得虚拟现实和人机交互的发展非常迅速，许多公司推出的 RGB-D 解决方案将虚拟现实带出实验室。

（5）逆向工程与其他工业自动化领域。

大多数工业产品是根据二维或三维 CAD 模型制造的，但有时由于数据丢失、设计多次改变、实物引进等，产品的几何模型无法获得，因此经常需要根据现有产品生成几何模型。逆向工程技术可以对产品表面进行测量，重构产品的三维几何模型，并产生产品生产所需的数字文档。在一些工业领域，如汽车制造，许多零件的几何模型是通过来自油泥模型或实物零件的逆向工程获得，目前在 CAD、CAM 领域利用激光点云进行高精度测量和重构成为新的发展方向，三维点云是逆向工程的重中之重。

（6）BIM 领域。

建筑信息模型化（building information modeling，BIM）是一个使用三维模型作为信息载体来描述建筑物生命周期中建筑活动的概念。BIM 工作的核心是创建一个三维模型，建筑设计人员、结构设计人员、施工方、物业乃至业主都可以使用和修改该模型，这种模型通常称为 BIM 模型，该模型是真实对象的虚拟表示。整个项目的三维激光扫描技术为 BIM 模型提供了精确的几何信息，可以在大范围、高效率、全面地采集其几何信息和功能特性，并快速地创建精确模型。通过三维激光扫描获得的点云和BIM 模型的结合可以非常真实地表示地面物体的实际状态。作为基本数据类型，它与BIM 技术结合在一起有以下应用：

A. 文物建筑保护。使用三维扫描技术，可以精确采集、记录和管理旧建筑物的几何信息和非建筑几何信息（位置和地物关系、构件尺寸、材料等），并对古建筑物的墙面、门窗、梁柱等信息进行数据化、标准化的建档管理，详细记录对象的状况（变形、破损、偏离等），便于日常维护和维修工作。

B. 工程质量检测与管理。在项目建设前，从三维数据中创建建筑施工现场的 BIM 模型，为规划项目提供准确可靠的现场数据，确保科学、合理的规划，并在进场前就安排好工地的布局，最大限度地减少工程对周围环境的影响，为以后的高效施工奠定了基础。在项目施工中，使用 BIM 可以有效地结合土建、幕墙、机电、装饰、消防、暖通等方面的进度和资源，提高施工和资源的配置效率。完成项目建设后，将完成的三维建筑模型与设计的标准模型进行比较，以实现对建筑物的准确验收并对整个项目进行客观评估。

C. 建筑拆迁管理。三维扫描可以创建动态、可视化的建筑模型并获得准确的建筑信息，将完整的建筑物信息导入 BIM，可以评估建筑物的不同结构的可重用性。根据以上信息建立详细的建筑垃圾回收方案，对建筑废料进行回收再利用，最大限度地减少建筑废料对环境的影响，并有效提高资源利用率。

D. 建筑物改造或装修。在进行建筑物改造和装修的过程中，由点云数据创建的 BIM 模型可用于可视化设计，实时显示改造或装修效果，有助于制订适当的改造计划。计划的精细程度可以达到对一个建筑物的某一个楼层的某一个门的样式，都能详细的记录和管理。

9.3　三维点云滤波技术研究现状

9.3.1　点云滤波的概念

由于设备精度、操作者经验、环境等因素的影响，以及电磁波的衍射特性、被测物的表面性质的变化和数据拼接配准操作的影响，在获取点云数据时，会出现一些噪声点。实际上，除了由于视线遮挡、障碍物等外部因素的干扰而产生的随机误差噪声点，在点云数据中通常还存在一些离对象（被测物体的点云）较远的离散点，即离群点，不同的采集设备会产生不同的点云噪声结构，其他通过滤波重采样可以完成的工作有空洞修复、信息损失最小海量点云数据压缩处理等。在点云处理中，滤波处理是预处理的第一步，常常对后续处理管道有重大影响。噪声点、离群点、空洞、数据压缩等仅在滤波预处理期间进行相应调整，然后进行后续处理。为了能够更好地执行后续的应用处理，如配准、特征提取、曲面重建和可视化等，PCL 中的点云过滤模块提供了许多灵活便捷的滤波处理算法，如双边滤波、高斯滤波、条件滤波、直通滤波、基于随机采样一致性滤波等，过滤模块是 PCL 模块的处理成员，可以很方便地与应用程序中的其他点云处理集成。

PCL 中的点云滤波处理原则为：点云数据密度不规则需要进行平滑化，遮挡等问题产生的离群点需要去除，大量数据需要进行下采样，噪声数据需要去除。对应的方法为按具体给定的规则限制过滤去除点，通过常用滤波算法修改点的部分属性，对数据进行下采样。

9.3.2　点云滤波主要方法

（1）使用直通滤波器对点云进行滤波处理。

对于在空间分布具有某些空间属性的点云数据，例如，使用线结构光扫描的方式来收集点云，沿 z 方向的分布相对较宽，但沿 x 方向和 y 方向的分布在有限范围内。此时，可以使用直通滤波器确定点云在 x 方向或 y 方向上的范围，可以更快地切除离群点并达到第一步粗处理的目的。图 9-2 和图 9-3 分别为直通滤波器对点云处理前后的点云图。

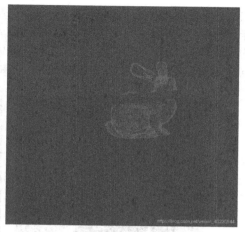

图 9-2　直通滤波处理前的点云图　　　　图 9-3　直通滤波处理后的点云图

(2)使用 VoxelGrid 滤波器对点云进行下采样。

使用体素化格网方法实现下采样,即减少点云的数量,减少点云数据并同时保持点云的形状特征,是提高配准、表面重建、形状识别等的非常有用的算法。PCL 实现的 VoxelGrid 类通过输入点云数据创建一个三维体素栅格(可把体素栅格想象为微小的空间三维立方体的集合),然后在每个体素(即三维立方体)内用体素中所有点的重心来近似显示体素中其他点,因此体素中的所有点最终将由重心点表示。相比于其他体素处理后得到过滤后的点云,该方法比逼近体素中心的方法慢,但是对于表示采样点所对应曲面表面更准确。图 9-4 和图 9-5 分别为体素化采样前后的点云图。

图 9-4　体素化采样前的点云图　　　　图 9-5　体素化采样后的效果图

(3)使用 Statistical Outlier Removal 滤波器移除离群点。

激光扫描常常会出现密度不均匀的点云数据集。另外,测量中的误差会导致稀疏的异常值,这会使效果更糟。局部点云特征的估计值的计算(如采样点处的法向量或曲率变化率)非常复杂,这会导致错误的数值,进而导致点云配准等后期处理失败。以下方法可以解决其中的一些问题:对每个点的邻域进行统计分析,并去除不符合某些标准的点。消除稀疏离群值的方法是基于计算输入数据中从一个点到另一个点的距离分布。对于每个点，计算从它到所有相邻点的平均距离。假设获得的结果是高斯分布，其形状由均值和标准差确定，则可以将其平均距离超出标准范围（由全局距离平均值和方差定义）的点定义为离群值并从数据集中去除。图9-6和图9-7分别为高斯滤波处理前后的点云图。

图9-6　高斯滤波处理前的点云图　　　图9-7　高斯滤波处理后的点云图

（4）使用参数化模型投影点云。

将点投影到一个参数化模型上（如平面或球等）。参数化模型通过一组参数来设定，对于平面来说，使用等式形式 $ax + by + cz + d = 0$，在 PCL 中有专门存储常见模型系数的数据结构。图9-8和图9-9分别为采用平面参数投影前后的点云图。

图9-8　平面参数投影前的点云图　　　图9-9　平面参数投影后的点云图

（5）使用 Conditional Removal 或 Radius Outlier Removal 移除离群点。

使用 Conditional Removal 滤波器，可以一次删除满足对输入点云设定的一个或多个条件指标的所有数据点。使用 Radius Outlier Removal 滤波器，可以删除在输入的点云一定范围内没有足够多近邻的所有数据点。

Radius Outlier Removal 使用机理为：在点云数据中，用户指定每个点的一定范围内周围至少要有多少个的近邻。如图9-10所示，若指定至少要有1个近邻，只有点 B 会被删除；若指定至少要有2个近邻，点 A 和点 B 都将被删除。

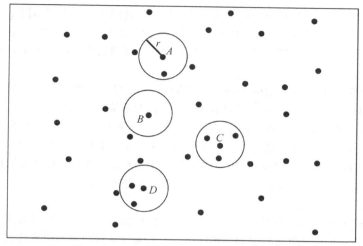

图 9-10　RadiusOutlierRemoval 滤波处理示意

9.4　三维点云特征描述与提取

9.4.1　特征描述与提取的概念及算法

特征描述和提取是处理点云信息中最基本也是最关键的部分。点云的识别、分割、重采样、配准、曲面重构等大多数算法在很大程度上依赖于特征描述及提取结果。就尺寸而言，通常分为局部特征描述和全局特征描述。例如，局部法线的几何形状特征的描述和整体拓扑特征的描述都属于三维点云特征描述和提取范围。

（1）理论基础。

在其原始形式中，点的定义是三维成像系统的概念，可以简单地用相对于给定原点的直角坐标系坐标 x、y、z 表示。假定坐标系的原点不会随时间变化。在时间 t_1 和 t_2 记录了两个具有相同坐标的点 P_1 和点 P_2。比较这两个点实际上是一个不适定问题，虽然对应于某些距离量度(如欧几里得度量)它们是相等的，但却在完全不同的表面上进行扫描。因此，当与其他相邻邻域中的点放在一起时，它们会表达完全不同的信息，因为局部环境可能会在 t_1 和 t_2 之间发生改变。一些采集设备可能提供有关采样点的其他数据，如强度或表面反射率等，甚至颜色，但是这不能完全解决问题。两点之间的比较仍然是一个不适定问题。由于需要比较不同以区分表面空间的分布，并且应用程序软件需要更好的特征测量方法，因此已不再将三维点概念和笛卡尔坐标系作为一个单元。一个新的概念取而代之——局部描述子(local descriptor)。文献中对该概念的描述有许多不同的名称，如形状描述子(shape descriptors)或几何特征(geometric features)。本节的其余部分统称为点特征表示(point feature representations)。通过包括周围的邻域，特征描述子可以表征扫描表面的几何特性，这有助于解决对比问题。在理想情况下，相同或相似表面上的点的特征值非常相似（相对于特定的测量标准），而不同表面上点的特征描述子则显著不同。以下条件通过是否可以获取相同的局部表面特征值来确定点特征表示法的优缺点：

A. 刚性变换（rigid transformations）。即旋转的三维变化和平移的三维变化，对特征向量 F 的估计没有任何影响，也就是说，特征向量具有平移旋转不变性。

B. 改变采样密度（varying sampling density）。不管局部表面的采样密度是大还是小，原则上它都应具有相同的特征向量值，即特征向量具有抗密度扰动性。

C. 噪声（noise）。若数据中存在少量噪声，则点特征表示必须在其特征向量中保持相同或具有相似的值，即特征向量对于点云噪声具有鲁棒性。

（2）三维形状内容描述子。

使用描述子来确定曲面间的对应点在三维物体识别领域具有广泛的应用。向量用于描述曲面上特定点及其周围环境的形状特征，并且通过调整向量的值来建立不同曲面之间的点之间的对应关系。该向量是指定点的描述子，三维形状内容描述子结构简单可区分性强，且对噪声不敏感。构造方法如下：在以指定点 P 为中心的球形支持域中，沿径向、方向角和俯仰角这三个坐标方向将其划分为网格，计算落入网格的点数，并构造向量 V。V 的每个元素对应于支持域中的一个网格，该元素的值是相应网格中的点数，向量 V 是点 P 的描述子。三维形状内容网格划分如图 9-11 所示。

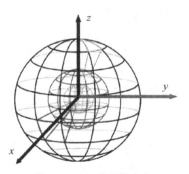

图 9-11　三维形状内容

（3）旋转图像。

旋转图像是由 Johnson 提出来的特征描述子，主要用于三维场景中的曲面拟合和模型识别。如图 9-12 所示，在模型的表面上，有一个由顶点 P 及其法向量 n 及切线平面 α 定义的二维基。假定模型中的任何顶点为 X，我们现在定义 a 为点 P 到 X 在平面 α 上投影的距离，其值规定为大于零的实数，b 是 X 与 X 在平面 α 上的投影点之间的距离，规定其向上为正，向下为负。旋转后的点 P 为排除点 P 外其他模型上顶点在平面 α 上的投影（a_i，b_i），其中 i 表示顶点的一维索引，通过统计（a_i，b_i）获得的二维直方图就是点 P 旋转图像，图像的坐标由 α 和 β 确定，强度是落在同一统计间隔（a，b）内的统计个数。

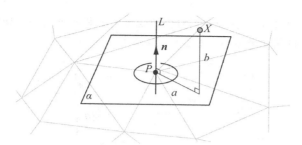

图 9 - 12　旋转图像生成示意

9.4.2　三维点云主要特征描述子

（1）点特征直方图描述子。

尽管点特征表示法的计算非常简单快捷，但由于仅使用几个参数值来近似点的 k 邻域的几何特性，因此无法获得太多信息。但是，大部分场景中包含许多有着相同或相似特征值的特征点。因此，使用点特征表示方法，直接结果是减少全局特征信息。点特征直方图（point feature histograms，PFH）具有一定的理论优势。

PFH 处理方式是将查询点和邻域点之间的空间差异参数化，并创建描述点的 k 邻域几何属性的多维直方图。该直方图以高维超空间为特征表示提供了可测量的材料信息空间，能保持六维姿态曲面点云的不变性，并且面对不同的采样密度或邻域的噪声等级下具有很好的鲁棒性。根据点与 k 邻域之间的关系及它们的估计法线得出了点特征直方图。简而言之，它考虑了估计的法线方向之间的所有相互作用，并试图捕获最佳的样本几何特性。因此，每个点的表面法线估计的质量决定合成特征超空间。图 9 - 13 显示了查询点（p_q）的 PFH 计算的影响区域，该点以 r 为半径置在球体的中心，p_q 所有 k 个相邻元素（即所有点与 p_q 的距离小于半径 r）全部都在网络中相互连接。最后 PFH 描述子通过计算邻域内所有两点之间关系得到了直方图，因此存在 $O(p_q)$ 的计算复杂度。

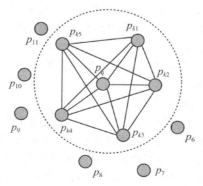

图 9 - 13　p_q 的 PFH 计算的影响区域

为了计算 p_t 和 p_s 两点及它们对应的法向量 n_t 和 n_s 间的相对偏差，将其中一个点定义为一个固定的局部坐标系，如图 9-14 所示。

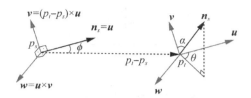

图 9-14　定义一个固定的局部坐标系

使用图 9-14 中的坐标系，法向量 n_s 和 n_t 之间的偏差可以用一组角度 $(\alpha,\ \phi,\ \theta)$ 来表示，d 表示两点 p_s 和 p_t 之间的欧氏距离，$d = \|p_t - p_s\|_2$。计算 k 邻域内的每一对点的 α、ϕ、θ、d 这 4 个值，这样就把两点和它们法线相关的 12 个参数（x、y、z 坐标值和法线信息）减少到 4 个。

为每一对点估计 PFH 四元组，可以使用如下代码：

```
computePairFeatures(const Eigen∷Vector4f &p1，const Eigen∷Vector4f &n1，
                    const Eigen∷Vector4f &p2，const Eigen∷Vector4f &n2，
                    float &f1，float &f2，float &f3，float &f4)；
```

由查询点创建最终的 PFH 表示，将所有四元组以统计方式插入直方图中。在此过程中，每个特征值范围首先被划分为 b 个子间隔，并在每个子间隔中进行计数，因为 3/4 的特征在上述中为法线之间的角度计量，所以可以轻松地将其参数值标准化到相同的三角化圆区间内。统计数据的一个示例是将每个特征间隔划分为相同数量的相等部分，然后执行此操作，以在完全关联的空间中创建 b^4 间隔直方图。计算该空间中每个点对的 4 个特征值，将直方图中对应该点对 4 个特征值的特定区间的统计个数加 1。

（2）点云表面法线估计。

表面法线是几何体表面的重要属性，在许多领域都有大量应用。例如，当照明和着色的效果符合视觉习惯时，需要表面法线信息才能正常运行。对于已知的几何体表面，根据垂直于该点表面的向量，通常很容易推断出该点在表面上的法线方向。由于我们获得的点云数据集在真实对象的表面上显示为一组固定点样本，因此有 2 种解决方案。

A. 使用表面重构技术，从获取的点云数据中获得与采样点相对应的表面，然后从表面模型中计算出表面法线。

B. 表面法线直接从点云数据集近似得出。

法线估算有很多方法。最简单的方法是找到表面上某个点的法线，这类似于估计表面的一个切面法线问题。因此，将其转换成最小二乘平面估计问题。

估计表面法线的解决方案为分析由查询点的相邻元素构建的协方差矩阵（或者主成分分析）的特征向量和特征值。特别地，对于每个点 P_i，对应的协方差矩阵 C 为

$$C = \frac{1}{k} \sum_{i=1}^{k} \cdot (p_i - \bar{p}) \cdot (p_i - \bar{p})^{\mathrm{T}}, C \cdot \bar{V}_j = \lambda_j \cdot \bar{V}_j, f \in \{0,1,2\} \quad (9-1)$$

式中，k 表示一个点 p_i 的相邻点的数量，$\bar{p}$ 代表最近相邻元素的三维重心，λ_j 是协方差矩阵的第 j 个特征值，并且 $\bar{V}_j$ 是第 j 个特征向量。

　　一般情况下，法线的正负方向问题并没有对应的数学方法解决。通过主成分分析计算其方向也是模棱两可的，并且不可能对整个点云数据集的法线方向进行一致定向。图 9 - 15 显示了对数据集的两个部分的影响。该数据集来自损伤，显然，估计的检测方向并不完全相同。

图 9 - 15　估计损伤的表面法线

　　若知道实际视点 V_p，则解决该问题的方法非常简单。对齐所有法线 n_i，只需要使它们在视角方向上均匀指向即可，并满足式(9 - 2)。

$$n_i \cdot (V_p - p_i) > 0 \qquad (9 - 2)$$

图 9 - 16 显示了图 9 - 15 中数据集的所有法线与视角均对齐后的结果。

图 9 - 16　将所有法线一致定向到后视点的结果

　　(3)快速点特征直方图描述子。

　　假设点云包含 n 个点，则其点特征直方图的理论计算复杂度为 $O(nk^2)$，其中 k 值表示该点云中每个点 P 计算特征向量时考虑的邻域数量。在进行实时应用或接近实时应用时，过于密集点云的点特征直方图的计算是非常消耗性能的。快速特征直方图(fast point feature histograms，FPFH)在保留 PFH 大部分识别特性的基础上，大量减少了计算复杂度。

　　第一步，将每一个查询点 p_q 和它的邻域点之间的一个元组(α，φ，θ)进行计算，计算的结果称为简化的点特征直方图(simple point feature histograms，SPFH)。

第二步，重新确定每个点的 k 邻域，使用邻近的 $SPFH$ 值来计算 p_q 的最终直方图，即 FPFH：

$$FPFH(p_q) = SPFH(p_q) + \frac{1}{k}\sum_{i=1}^{k} \frac{1}{w_k} \cdot SPFH(p_k) \qquad (9-3)$$

式中，权重位于 w_k，表示查询点与相邻点之间距离的特定度量空间，因此可以评估一对点 (p_q, p_k)。如有必要，可以使用 w_k 作为另一种指标。

因此，在面对一个已知查询点 p_q，该算法首先使用 p_q 和它邻域点之间对应对，来进行 SPFH 值的估计，这种计算方式与 PFH 相比很明显减少了邻域点之间的互联。点云数据集中的所有点都必须进行此计算才能获得 SPFH，然后使用相邻点 p_k 的 SPFH 值和点 p_q 的 SPFH 值来重新加权计算以获取点 p_q 的最终 FPFH 值。

PFH 和 FPFH 计算方式之间的主要区别总结如下：

A. FPFH 没有统计全互联点 p_q 的所有相邻点的计算参数。一些重要的点对可能会丢失，而这些丢失的点对可能会对查询点周围的几何特征产生重要贡献。

B. PFH 特征模型位于查询点周围的精确邻域半径内，FPFH 的范围还包括半径为 $r \sim 2r$ 的额外点对。

C. 由于采用了重新权重计算方法，因此 FPFH 组合了 $SPFH$ 值，以便重新捕获相邻重要点对的几何信息。

D. 由于 FPFH 的整体复杂性大大降低，因此 FPFH 可以用于实时应用。

E. 直方图的制作可以通过分解三元组来实现，也就是将直方图分成 d 维分离特征直方图，对每个特征维度单独绘制，最后将它们连接在一起。

（4）RoPS 特征。

RoPS（rotational projection statistics）为旋转投影的统计特性。对点云进行旋转和平移，即姿态变化，RoPS 具有不变性，且 RoPS 具有较强的区分能力和良好的鲁棒性，可抵抗噪声和数据分辨率变化等干扰。此功能已成功应用于目标识别、三维模型重建和三维人脸识别等场景，并具有出色的性能。此外，通过对比多个数据集的测试结果，RoPS 的性能优势比较明显。

A. 生物视觉认知学启示。通过对生物视觉认知学的实验研究，儿童对物体的识别能力在一定程度上取决于观察物体的角度数量。当儿童对物体进行多个角度观察，其识别物体的能力将有很大提升。除此之外，儿童对物体的观察方式对于其识别物体的能力有很大影响。研究表明，将物体多个角度视觉信息融合才能在人脑中实现三维物体的构建，而且融合取决于物体主轴所确定的参考系。因此，儿童旋转和观察物体的方式在信息融合的效果中起着至关重要的作用。

上述认知学研究启发我们，在构建特征描述子时，若可以从多个角度融合获得的对象的表面信息，则可以提高特征描述子的识别能力。此外，为了获得特征描述子对物体旋转和平移的不变性，可以根据物体的表面信息构建一个参考坐标框架。

根据上述内容，提出了 RoPS 特征提取算法。该 RoPS 算法包含 2 个部分，即局部参考坐标框架构建和 RoPS 特征描述。

B. 局部参考坐标框架构建。如图 9 - 17 所示，假设一个关键点 p 和支撑半径 r，将

距离关键点 p 小于 r 的局部表面表示为 S，S 中包含 N 个三角形和 M 个顶点。假设第 i 个三角形的三个顶点为 p_{i1}，p_{i2} 和 p_{i3}，则其中任意一点可表示为

$$p_i(s, t) = p_{i1} + s(p_{i2} - p_{i1}) + t(p_{i3} - p_{i1}) \qquad (9-4)$$

式中，$0 \leqslant s$，$t \leqslant 1$，且 $s + t \leqslant 1$。

第 i 个三角形上点的散布矩阵 C_i 可表示为

$$C_i = \frac{1}{12} \sum_{i=1}^{3} \sum_{k=1}^{3} (p_{ij} - p)(p_{ij} - p)^{\mathrm{T}} + \frac{1}{12} \sum_{j=1}^{3} (p_{ij} - p)(p_{ij} - p)^{\mathrm{T}} \qquad (9-5)$$

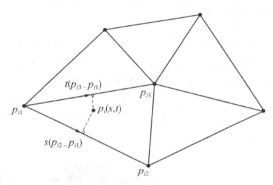

图 9-17　局部表面点示意

那么，所有三角形散布矩阵的加权和可以表示局部表面 S 上所有点的总散布矩阵 C，即

$$C = \sum_{i=1}^{N} w_{i1} w_{i2} C_i \qquad (9-6)$$

式中，w_{i1} 表示第 i 个三角形的面积与局部表面 S 总面积的比值：

$$w_{i1} = \frac{\left| (p_{i2} - p_{i1}) \times (p_{i3} - p_{i1}) \right|}{\sum_{i=1}^{N} \left| (p_{i2} - p_{i1}) \times (p_{i3} - p_{i1}) \right|} \qquad (9-7)$$

w_{i2} 表示与关键点到第 i 个三角形中心距离相关的权值：

$$w_{i2} = \left(r - \left| p - \frac{p_{i1} + p_{i2} + p_{i3}}{3} \right| \right)^2 \qquad (9-8)$$

对该总散布矩阵 C 进行特征值分解，即

$$CV = EV \qquad (9-9)$$

式中，E 表示对角矩阵，由 C 按照降序排列的特征值 $\{\lambda_1, \lambda_2, \lambda_3\}$ 组成；V 表示矩阵 C 所对应的特征向量 $\{v_1, v_2, v_3\}$。相互正交的这三个特征向量成为组建局部参考坐标框架的基础。然而，这些特征向量是随机选取方向，故得到的局部参考坐标框架不可反复提取。

将每个特征向量的方向规定为多数散布向量指向的方向，可以解决局部参考坐标框架由坐标轴方向而引起的二义性。故特征向量和散布向量结合的内积符号可确定特征向量的方向。不模糊特征向量 $\bar{v}_1$ 定义为

$$\bar{v}_1 = v_1 \cdot \text{sign} \left\{ \sum_{i=1}^{N} w_{i1} w_{i2} \left[\frac{1}{6} \sum_{i=1}^{3} (p_{ij} - p) \cdot v_1 \right] \right\} \tag{9-10}$$

式中，$\text{sign}()$ 表示符号函数。类似地，不模糊特征向量 $\bar{v}_3$ 可定义为

$$\bar{v}_3 = v_3 \cdot \text{sign} \left\{ \sum_{i=1}^{N} w_{i1} w_{i2} \left[\frac{1}{6} \sum_{i=1}^{3} (p_{ij} - p) \cdot v_3 \right] \right\} \tag{9-11}$$

假设两个不模糊向量 $\bar{v}_1$ 和 $\bar{v}_3$，向量 $\bar{v}_2$ 为向量 $\bar{v}_1$ 和 $\bar{v}_3$ 的向量积。这样就可以得到关键点 p 的不模糊局部参考坐标框架。该框架中，以点 p 为原点，$\bar{v}_1$、$\bar{v}_2$ 和 $\bar{v}_3$ 分别为该局部参考框架的 3 个坐标轴。对于该局部参考坐标框架的使用，还可得到一个不被姿态变化影响的局部特征描述子。

图 9-18 显示了生成 RoPS 特征描述子的过程。将一幅点云输入或将其用无线网格网络（mesh）表示，如图 9-18（a）所示，首先取得在关键点 p 支撑半径 r 范围内对应的局部表面，如图 9-18（b）所示。之后对通过计算获得点 p 的局部参考坐标框架。由局部表面 S 上的三角形顶点可以得出点云 $Q = \{q_1, q_2, \cdots, q_m\}$，将点云 Q 转化到局部参考坐标框架下，得出具有物体姿态变化的旋转和平移不变性的局部特征描述子，并用点云 $Q' = \{q'_1, q'_2, \cdots, q'_m\}$ 表示。

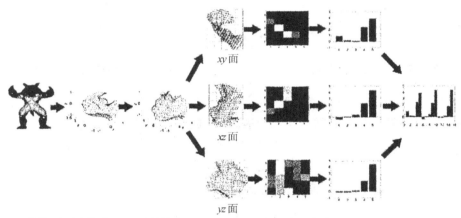

xy 面

xz 面

yz 面

（a）物体 （b）局部表面 （c）旋转曲面 （d）投影 （e）颁布矩阵 （f）统计数据 （g）子特征

图 9-18 RoPS 特征生成过程示意

a. RoPS 特征描述子的具体提取步骤如下：

（a）如图 9-18（c）所示，绕 x 轴旋转点云 Q' 以获得旋转的点云 $Q'(\theta_k)$，旋转角度为 θ_k。然后将点云 $Q'(\theta_k)$ 投影到三个坐标平面 xOy、xOz 和 yOz 上，从而获得投影点云 $\tilde{Q}'_i(\theta_k)$，$i = 1, 2, 3$。由于二维投影在该视角下更好地保留了局部表面的几何特征，因此可以通过点云的投影实现对三维局部表面的精确而有效的描述。

（b）将投影点云 $\tilde{Q}'_i(\theta_k)$ 的二维边界框平均划分为 $L \times L$ 个单元并对落在每个单元中的投影点的数量进行统计以获得 $L \times L$ 分布矩阵 D［图 9-18（e）］。对分布矩阵 D 进行归一化处理，处理结果为所有单元格中的数值之和为 1，从而实现数据分辨率变化的不变性。

(c)提取分布矩阵 D 的中心矩和香农熵。分布矩阵 D 的 $m + n$ 阶中心矩 μ_{mn} 定义为

$$\mu_{mn} = \sum_{i=1}^{L} \sum_{j=1}^{L} (i - \bar{i})^m (j - \bar{j})^n D(i,j) \tag{9-12}$$

分布矩阵 D 的香农熵 e 定义为

$$e = \sum_{i=1}^{L} \sum_{j=1}^{L} (i,j) \lg D(i,j) \tag{9-13}$$

如图 9-18(f)所示,将这些中心矩与香农熵结合起来即可得到统计向量。xOy、xOz 和 yOz 平面中的 3 个统计向量被进一步组合获得子特征 $f_x(\theta_k)$。如图 9-18(g)所示,子特征 $f_x(\theta_k)$ 的值为点云绕着 x 轴第 k 次旋转获得的统计信息。

(d)为了将局部表面的信息全面记录,分别将点云 Q' 绕着 x 轴、y 轴和 z 轴旋转一系列角度 $\{\theta_k\}$,$k = l,2,\cdots,T$,从而得到子特征 $\{f_x(\theta_k)\}$、$\{f_y(\theta_k)\}$ 和 $\{f_z(\theta_k)\}$,$k = l,2,\cdots,T$。

(e)将旋转后所有子特征结合在一起便得到最终的 RoPS 特征描述子,即

$$f = \{f_x(\theta_k), f_y(\theta_k), f_z(\theta_k)\}, \quad k = 1,2,\cdots,T \tag{9-14}$$

进行上述操作之后,由于 RoPS 特征描述子从多个角度记录局部曲面特征,因此其具有很高的辨识度。实际上,RoPS 特征提取算法与生物认知机制之间存在许多相似之处。首先,RoPS 对关键点支持域中的相邻点进行旋转并投影在三个坐标平面上得到分布矩阵的过程,类似于人眼从不同角度对三维物体进行二维成像的过程。其次,使用少量统计矩来记录每个投影点云的分布矩阵信息的过程类似于人脑抽象地理解图像信息的过程。最后,该算法结合了所有瞬时统计信息以获得 RoPS 特征描述子,这与人脑融合理解和多视图图像信息的存储过程相似。

C. 推荐算法参数及说明。通过实验得出,为取得良好的性能需将参数设置为:包围矩形划分单元格数 L 取 5,绕每个坐标轴的旋转次数 T 取 3,每个分布矩阵 D 采用向量 $\{\mu_{11}, \mu_{12}, \mu_{21}, \mu_{22}, e\}$ 描述。

需要注意的是,以上方法只适用于 mesh 数据格式(包括点和面要素信息)关键点 p 局部参考坐标框架的计算。若输入的数据格式为点云(没有面元信息),则有 2 种解决方式。一种方法为先将点云通过三角化算法转化 mesh 格式,然后采用上述方法得出局部参考系框架和 RoPS 特征描述子;另一种方法为通过其他算法先计算出局部参考坐标框架,然后根据该局部参考坐标框架得出 RoPS 特征描述子。

(5)视点特征直方图。

视点特征直方图(viewpoint feature histogram,VFH)是一种新的特征表示形式,用于点云聚类检测和具有 6 个自由度的姿态估计。图 9-19 显示了 VFH 检测和姿态估计的示例。

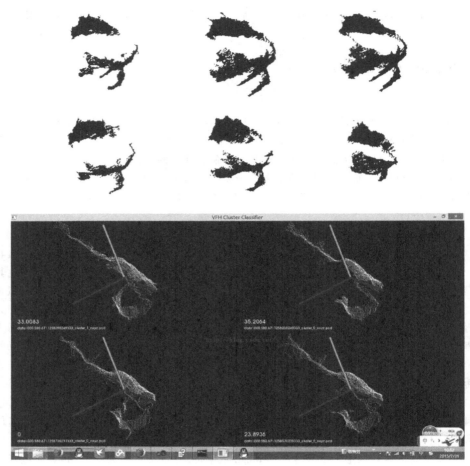

图 9-19　VFH 识别和姿态估计示意

　　VFH 来源于 FPFH。为了提高检测速度和识别性能，选择了具有强大识别力的 FPFH 方法，但需要添加视点变量使构造的特征保持缩放不变性，同时可以对不同的姿态进行区分。我们执行了以下 2 个计算，以构建适用于目标检测问题和姿态估计的特征：①扩展 FPFH，进行 FPFH 计算时将对象中心与对象表面上所有其他点之间的点作为计算单位，使其可以对整个点云对象进行计算估计；②在视点方向与每个点估计法线之间添加其他统计信息。此目标实现的关键是需要在 FPFH 计算中将视点方向变量直接融入相对法线角计算中。

　　视点相关特征分量的计算是通过统计视点方向与每个法线之间角度的直方图来完成的。注意，这不是每个法线的视角，因为法线的视角在缩放变换期间是可变的，这里指的是平移视点到查询点后的视点方向和每条法线间的角度。前面 PFH 中讲述的 3 个角度就是第二特征分量，只是现在测量的是在中心点的视点方向和每条表面法线之间的角度。

这种组合成新形式的特征被称为视点特征直方图，包含两部分：①一个视点方向相关的分量；②一个描述表面形状的扩展 FPFH 组件。

（6）基于惯性矩与偏心率的描述子。

该方法的主要思想为：首先获取点云的协方差矩阵，计算其特征值和特征向量，将得到的特征向量归一化，之后将点云的重心作为坐标原点，最大特征向量（major eigen vector）作为 x 轴，最小特征向量（minor eigen vector）作为 z 轴，中间大小的特征向量作为 y 轴，建立局部坐标系。接着对坐标轴进行迭代计算，将主特征向量（x 轴）围绕其他两个轴（y 轴、z 轴）旋转，设置的内外循环分别为从 0°～90°绕 y 轴旋转和从 0°～360°绕 z 轴旋转，每次旋转时添加一定的角度（用 step 变量控制），最终的 x 轴正方向遍历了整个 z 轴负方向的半球离散方向，我们将这个旋转主向量 x 轴作为当前轴。对于每个当前轴，计算一个惯性矩。另外，利用当前轴也可以计算一个偏心率，具体是将当前轴正向即旋转后的 x 轴正向视为假设平面的法向量，然后将输入点云投影到该假设平面上。接下来，根据获取的投影就可以构造一个偏心率，其中长轴和短轴的数值是通过投影后点云的协方差矩阵得到的。这样就在每个当前轴上得到一个惯性矩和一个偏心率，迭代完成后得到 2 个特征向量，以存储惯性矩和偏心率。

9.5　三维点云分割技术研究现状

9.5.1　点云分割概念及算法

点云分割是根据空间、几何形状和纹理等特征对点云进行划分，以使同一划分区中的点云具有相似的特征。有效分割点云通常是许多应用的前提。例如，在 CAD、CAM 的逆向工程领域中，可以对零件的各种扫描表面进行分割，然后可以更好地完成空洞修复、曲面重建、特征描述和提取，然后根据三维内容进行检索、组合和重用。在激光遥感领域，需要先对地物特征进行分类和处理，后期才能进行地物特征的识别和重建。简而言之，分割采用的是分而治之的思想，与点云处理中的滤波属于重要的基础操作。现存的 PCL 分割基础框架，为后期的扩展奠定了基础，目前鲁棒性较好的分割算法为聚类分割和基于随机采样一致性的分割。

（1）聚类分割算法。

在聚类方法中，每个点都对应一个特征向量，该特征向量又包含若干几何或辐射度量值。通过聚类方法（如 K-means 方法、最大似然方法和模糊聚类方法）在特征空间中对点云数据进行分割。聚类分割的基本原理是：检查 m 维空间中的 m 个数据点，定义点之间的稀疏聚类的某些性质，将 m 个数据点设置为 n 个类别，将最小的距离的两类合并为一个类，然后重新计算这些类之间的距离，再进行迭代，直到两个类之间的距离大于指定的阈值或该类的数目小于指定的数目时分割完成。

（2）基于随机采样一致性的分割。

基于采样点来估计被测对象参数的研究历史悠久，并且研究者仍在尝试改进并提出各种算法来满足各种应用的需求。由于其对噪声和异常值的高鲁棒性，故 Hough 变换和随机采样一致性(RANSAC)是常见的选择。Hough 变换在识别复杂模型或高维数据时需要消耗大量的时间和空间，主要用于图像领域；而基于 RANSAC 的方法当前已实现了许多提高计算效率的改进，典型的工作是 Schnabel 基于局部采样策略和评估函数的改进，可以提高点云中基元的 RANSAC 检测效率。

RANSAC 由 Fischler 和 Bolles 于 1981 年首次提出。其基本思想是在获得有效样本数据的同时，根据包含各种缺陷(如噪声和离群值)的一组样本数据集，估计数据的数学模型参数。最初的想法描述如下：

A. 考虑一个最小采样集大小为 n 的模型(n 为初始化模型参数所需的最小样本数)和一个样本集 S，集合 S 的样本数 $N(S) > n$，从 S 中随机抽取包含 n 个样本的 S 的子集 S^n 初始化模型 M。

B. 余集 $R = S - S^n$，与模型 M 的误差小于某一设定阈值 S^n 的样本集及 S^n 构成 S^*，S^* 认为是有效样本集，它们构成 S 的一致集。

C. 若 $N(S^*) \geqslant N$，N 为指定的阈值，则认为得到正确的模型参数，重新执行步骤 A 和步骤 B。

D. 在完成一定的采样次数 Max 后，若未找到一个正确模型，则算法失败，否则选取有最大一致集的模型，算法结束。

从以上步骤可以看出，RANSAC 框架需要输入 3 个参数，t、Max 和 N。第一个参数 t 是评估样本是否满足模型 M 的误差容忍度(即内部点噪声的均方误差)。对于各种输入数据，需要使用人工干预才能设置适当的阈值 N，此参数对 RANSAC 的性能有重大影响。第二个参数是随机选择样本集 S^n 的次数 Max，此参数直接影响样本参与随机采样一致性算法中的模型参数测试的检验次数，从而影响算法的效率，因为大多数随机样本都受外部点的影响。如果获得正确的模型，一致性 S^* 的大小为 N。为了确保获得表征数据集 S 的正确模型，共识集必须足够大，并且足够一致的样本将使新估算的模型参数更加准确。基于 RANSAC 的基元检测算法具有较好的鲁棒性和较高的效率，但目前仅针对 5 个基本基元，分别为平面、球面、圆柱、圆锥和圆环。

9.5.2 点云分割主要方法

(1)基于区域生长的分割。

基于区域生长分割算法，该算法的输出是一个聚类集，每个聚类集都被视为同一光滑表面的一部分。该算法的思想是：根据点的曲率值对它们进行排序，进行排序的原因是区域生长算法从曲率最小的点开始，该点是初始种子点，初始种子点所在的区域即为最平滑的区域，一般场景中的平滑区域会更大，从最平滑的区域开始可以减少分割区域的总数并提高效率。

算法流程为：设置一个空的起点序列和聚类数组，选择初始起点，将其添加到起点序列中，并寻找相邻点。对于每个相邻点，比较相邻点的法线与当前起点的法线之间的角度，并将小于曲率阈值的相邻点添加到当前区域。然后检查每个相邻点的曲率值，并将小于曲率阈值的相邻点添加到起点序列。在评估起点附近之后，删除当前起点，使用新添加的起点保持增长，并重复上述增长过程，直到起点序列被清空。一个区域生长完成后，将其添加到聚类数组。最后，将曲率值从小到大进行排序，依次选择输入点集作为种子点，并将其添加到起点序列中。重复上述生长步骤，这样就实现了根据区域增长实现点云的分割。

（2）基于颜色的区域生长分割。

基于颜色的区域生长分割算法与基于区域生长算法采用相同的策略。该算法与区域生长算法相比有两个主要区别。首先，该算法将法线测试替换为颜色测试。其次，使用合并算法来控制过分割或欠分割。在分割过程中，若两个相邻群集之间的平均色差较小，则将两个聚类合并。然后进行合并的第二步。此步骤检查每个群集中包含的点数。若该数字小于自定义值，则合并当前群集及其最近集群类。

（3）最小图割的分割。

图割（graph cuts）是一种十分有用和流行的能量优化算法，在计算机视觉领域普遍应用于前背景分割（image segmentation）、立体视觉（stereo vision）、抠图（image matting）等。

这种类型的方法将图像分割问题与图形的最小割（min cut）问题结合在一起。使用无向图 $G = \langle V, E \rangle$ 表示要分割的图像，V 和 E 分别是顶点（vertex）和边（edge）的集合。这里的图与普通图略有不同。普通图由顶点和边组成，若所有边都是有向的，则将此类图称为有向图，否则为无向图，并且对边进行加权。不同的边可以具有不同的权值，分别代表不同的物理含义。图割图在普通图的基础上又有 2 个顶点。这两个顶点由符号"s"和"t"表示，并统称为终端顶点。所有其他顶点都必须连接到这两个顶点才能成为边集的一部分。因此，图割部分中有 2 种类型的顶点和 2 种类型的边。

第一类顶点和边是一种普通顶点对应于图像中的每个像素。两个相邻顶点（对应于图像中的两个相邻像素）的连接是一条边。这种类型的边也称为 n-links。

第二类顶点和边除对应于图像像素外，还有 2 个其他的最终顶点，分别称为"s"和"t"。每个公共顶点与这两个端点的顶点之间存在连接，这形成了第二种类型的边，这样的边也称为 t-links。

图 9-20 为对应于图像的 $s-t$ 图，每个像素对应于图中的一个相应顶点，并且存在 2 个顶点，即 s 和 t。图 9-20 中有 2 种类型的边：实线的边表示每两个领域普通顶点连接的边 n-links；虚线表示每个普通顶点 t 与 s 连接的边 t-links。在前景和背景分割中，s 通常代表前景目标，而 t 通常代表背景。

图 9-20 中每条边都有一个非负的权值 ω，也可以理解为代价或者费用（cost）。一个割（cut）就是图中边集合 E 的一个子集 C，那么这个割的代价（表示为 $|C|$）就是边子集 C 的所有边的权值的总和。

图割中的割是指这种边的集合，很明显这些边的集合包含上述 2 个边，并且所有边的断开都会导致残留的 s 图和 t 图的分离，因此称为切割。如果一个切割，其边的所有权值之和最小，那么这个就被称为最小切割，即图割的结果。福特·福克森定理表明，网络的最大流量（max flow）与最小割（min cut）相等。Boykov 和 Kolmogorov 发明的

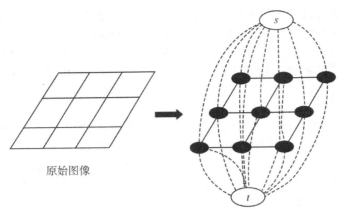

图 9 - 20 图割示意

max-flow/min-cut 算法可用于获得 $s-t$ 图的最小切割。这种最小切割把图的顶点分成两个互斥的子集 S 和 T，其中 $s \in S$，$t \in T$ 且 $S \cup T = V$。这两个子集对应于图像的前景像素集和背景像素集，相当于图像分制。以这种方式，图中边权重决定了最终的分割结果，许多相关算法描述了它如何建立权重构造函数。n-links 具有潜在将相邻类似像素分类在一起且相邻差异较大的像素分割开的能力。t-links 具有潜在将目标像素分类在一起且背景像素分类在一起的能力。t-links 可选择将目标像素分类在一起，并且将背景像素分类在一起。

（4）基于超体素的点云分割。

人类视觉感知到的图像信息不是从孤立的像素点获得的，而是从大量像素点组合成的区域获得，并且孤立的单像素点没有特定的实际意义，只有许多像素点组合在一起才对人类视觉感知有意义。可以看出，视觉感知的着重点并不是像素。在此需求下，二维图像处理领域，产生了"超像素"的概念。所谓的超像素，是由许多像素点组成的小区域，并且这些像素点在位置上相邻，而且在某些特征（如图像的亮度、颜色、纹理等）中存在一些相似性，这些小区域大部分没有破坏图像的边界信息，还保留了关于图像的进一步分割的有效信息。如今，超像素越来越多地应用于计算机视觉，作为图像分割和模式识别的初始阶段，最基本的原因是：一方面，它可以在使用超像素后有效地减少局部信息的冗余图像，使图像处理的复杂性大大降低；另一方面，传统的像素级图像处理方法，目标区域的边界不能被精确定位，只能给出一个大概位置。

在三维点云数据处理领域，借鉴类似于超像素的概念，在三维空间引出超体素的概念。

超像素分割算法是将图像中的像素分割为与目标对象边界相对应的语义区域。基于图的算法（如 MRF 和 CRF）已变得流行，因为该过程可以更好地集成高级语义和底层图像特征，消除像素级的高计算量图像操作，并转向中级推理框架，不会在框架中直接处理像素，而是使用称为超像素的像素群。使用过度分割的小区域，超像素由局部低层特征形成。注意，此处的像素与点云中的点相对应。区别在于，点云通常是无序的，而所有像素都是有序的，所有像素都可以理解为空间的离散采样表示。

超像素具有一些非常重要的属性，其中超像素可避免越过物体边界，这是最重要的特征。因为超出物体边界会降低后续分类的准确性。另一个有用的功能是在分割后对超像素进行规律分布，因为这会为分割步骤的合并和优化创建一个简单的图。

（5）条件欧氏聚类点云分割。

条件欧氏聚类点云分割算法的核心是聚类生长时首先使用欧几里得半径在聚类中的每个点周围找到其候选点（最近邻点）。该算法会根据用户定义的条件测量当前聚类中的点与候选点之间的距离，确定是否将该点加入当前聚类。值得注意的是对于结果集中的每个点，至少一个点（但不是所有点）必须满足用户定义的条件。

此外，欧几里得条件聚类方法还可以过滤出由于距离限制而过大或过小的聚类。但是，通过设置此类函数，仍可以将这些被过滤掉的聚类查询利用。

9.6　基于三维点云的排水管道缺陷检测（管道全景量化检测）

9.6.1　应用概述

城市排水系统是城市文明建设和人类健康生活的重要保障。因为它可以隔断污水与净水，从而提高卫生条件，延长人类寿命。随着经济增长和城市的不断扩大，我国排水管线总长度不断增长，同时，管道系统老化的问题越来越严重。由此，市政部门需要花费大量资金和资源来进行污水管线的维护工作，其中，管道检测的目的在于及早发现管道的缺陷，便于采取修护措施。

目前，管道检测的主要方法有声学测量、基于视觉系统测量、压力测量、探地雷达系统等，其中视觉检查系统已经被广泛地应用于地下排水管道检测。闭路电视（CCTV）作为视觉检查系统的一种，通常会在机器人上安装闭路电视摄像机或变焦摄像机。在检查过程中，设备会沿着管道内壁前进，并将视频传送到外部的监视器中。当遇到潜在损伤时，检测人员会调整摄像机的焦距，进一步对潜在损伤判断。与传统检测方法相比，闭路电视检测不需要人工进入管道进行探查，并且可以提供相较于激光探测和雷达测试更加简洁、明显的图像结果。但是，这种检测方式需要大量专业训练人员经过长时间的分辨和评估损伤，这样会耗费大量时间和资源。

近年来，使用三维信息进行结构健康分析成为新趋势。二维图像可以进行一些结构损伤检测，如裂纹检测；三维信息的出现为其他检测提供了思路，如根据结构损伤部位的三维信息推算出损伤部位的剥落尺寸信息。

本节利用三维点云数据，对排水管道损伤体积进行自动量化，给后续的修复工作提供重要的尺寸信息，使管道修复工作得以精确、高效地进行。

9.6.2　具体实施步骤

（1）数据采集。

本实例采用的是微软 Azure Kinect DK 深度摄像机。深度相机实现了飞行时间概念，由一个红外发射器和一个红外传感器组成。红外发射器将红外光投射到物体上，光线从物体表面反射回设备，然后红外传感器捕获反射光。红外传感器和红外发射器之间的距离是已知的，因此该设备能够根据红外光从发射器到传感器所花的时间确定传感器每个像素的三维坐标。

将深度相机架设在距离管道损伤 100 cm 左右位置处并将其对准管道损伤的中心位置，录制窄视场数据流，将该数据流输出为 MKV 格式并进行存储。使用 FFmpeg 将数据流中的深度轨道数据提取出来并保存为图片格式。图 9-21 为基于三维点云的排水管道检测（管道全景量化检测）示意图。

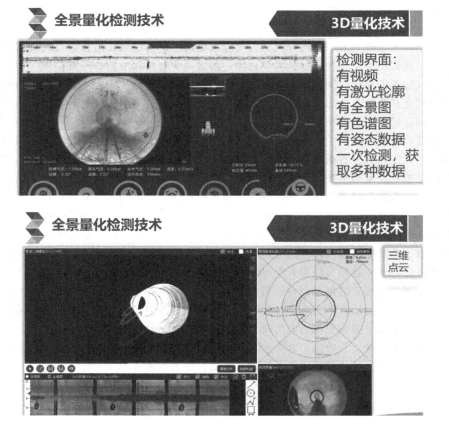

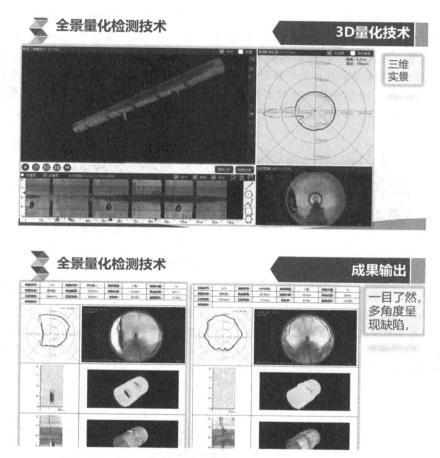

图 9-21　基于三维点云的排水管道检测(管道全景量化检测)示意

(2)点云获取与滤波处理。

将深度相机内参设置为变换约束条件，完成图像坐标到世界坐标的变换，最终实现深度数据转化三维点云数据。MATLAB 提供了一个良好的相机内参标定平台，经过标定得出相机内参 $f_x = 567.37$，$f_y = 566.97$，$c_x = 326.62$，$c_y = 239.81$。

由于生成三维点云数据过于庞大且其中点密度不均匀，需对做下采样处理。这里使用 Voxel Grid 滤波器对点云进行下采样，通过该滤波器将原点云转化为体素化点云数据。

Statistical Outlier Removal 滤波器通常被用作三维点云噪声处理方法，将统计邻域范围设置成 20，这就意味着该算法会对每个点邻域内 20 个点进行统计分析，计算其假定为高斯分布下的均值及其标准差。设置标准差阈值为 5，该参数会将特定系数标准差与均值之和大于 5 的点作为异常值剔除。

(3)点云分割与聚类。

三维点云经过去噪处理之后，为获取损伤点云，须对点云进行分割处理。分割点云所采用的算法为有条件约束的曲面分割。由于该算法的使用需要得到点云数据的法线方向，故对三维点云数据进行法线估计，设置点云邻域计算半径范围为 3 cm，计算此范围内法线值。将法线估计后的数据与去噪后的点云数据输入曲面分割模型，使用 RANSAC 方法对管道的曲面进行拟合，为排除其他曲面点云的影响，设置分割半径参数为 0～100 cm。分别设置法线权重值和距离限制值，将距离模型参数过大的点云去除。图 9 - 22 为排水管道提取面。

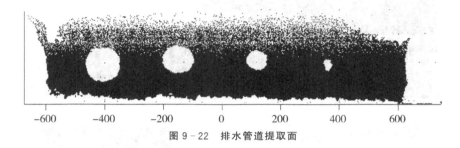

图 9 - 22　排水管道提取面

完成曲面分割后，不符合模型参数的点云会作为异常值输出。之后，这些异常值会作为输入数据输入聚类模块，聚类模块所采用算法为欧氏聚类算法。欧氏聚类算法使用 k-d tree 算法对空间中任意点的点云的周围邻域进行距离判断，将距离小于某阈值点云归类到一起，循环此操作直到所有点云归类完成。分别设置欧氏空间中点云搜索距离最小、最大数目。图 9 - 23 显示了损伤点云。

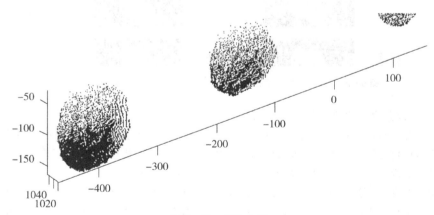

图 9 - 23　损伤点云

（4）损伤体积量化。

聚类后得到损伤点云为凸面点云，完成损伤体积量化还需得到其底面点云，而上述分割后表面点云缺失的一部分点云刚好损伤点云的底面。本节使用参数化模型投影损伤点云，将上述曲面分割所输出的模型参数作为投影参数，对各分割点云分别进行投影。使用迭代最近点算法将点云底面与原损伤点云配准，得出各个损伤的完整损伤点云。

对于损伤体积量化方法，使用 MATLAB 的 AlphaShape 算法，通过设置不同的半径参数，不断调整包络图范围，最终将整个点云图像覆盖，此时使用 volume 函数完成对损伤点云的体积测量。

9.6.3　测量结果展示

测量结果如图 9-24 至图 9-26 所示。

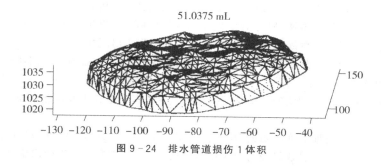

图 9-24　排水管道损伤 1 体积

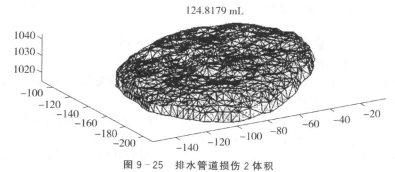

图 9-25　排水管道损伤 2 体积

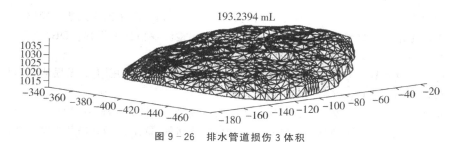

图 9-26　排水管道损伤 3 体积

参 考 文 献

[1] 朴化荣. 电磁测深法原理[M]. 北京：地质出版社，1990.

[2] 李金铭. 地电场与电法勘探[M]. 北京：地质出版社，2005.

[3] 高绍伟，刘博文. 管线探测[M]. 2版. 北京：测绘出版社，2014.

[4] 张鸿升，王万顺. 地下管线探测原理、方法与技术[M]. 徐州：中国矿业大学出版社，1998.

[5] 李益强，吴献文，刘国安. 地下管线探测技术基础[M]. 北京：北京交通大学出版社，2020.

[6] 吴献文. 数字化地下管线测量中测点精度的探讨[J]. 工程勘察，1997(4)：50-52.

[7] 李国泮. 城市地下管线管理与应用技术[M]. 北京：中国建筑工业出版社，2004.

[8] 吴献文. 大比例尺数字化测图软件系统间数据共享初探[J]. 测绘通报，2002(4)：55-57.

[9] 吴献文. 利用托管ObjectARX和DAO技术实现图库联动功能[J]. 测绘通报，2015(6)：101-102.

[10] 张正绿，司少先，李学军，等. 地下管线探测与管网信息系统[M]. 北京：测绘出版社，2007.

[11] 广州市市政集团有限公司. 城镇排水管道检测与评估技术规程：CJJ 181—2012[S]. 北京：中国建筑工业出版社，2012.

[12] 李田，郑瑞东，朱军. 排水管道检测技术的发展现状[J]. 中国给水排水，2006，22(12)：11-13.

[13] 邬星伊. 城镇排水检查井评估方法的研究[D]. 广州：广州工业大学，2013.

[14] 上海市市场监督管理局. 排水管道电视和声呐检测评估技术规程：DB31/T 444—2022[S]. 北京：中国标准出版社，2012.

[15] 陈军，赵永辉，万明浩. 地质雷达在地下管线探测中的应用[J]. 工程地球物理学报，2005，2(4)：260-263.

[16] 栗毅，黄春琳，雷文太. 探地雷达理论与应用[M]. 北京：科学出版社，2006.

[17] 史皓良. 三维点云数据的去噪和特征提取算法研究[D]. 南昌：南昌大学，2017.

[18] 郭裕兰. 点云局部特征描述与三维目标重建识别技术研究[D]. 长沙：国防科技大学，2015.

[19] 张悦，唐建国.《城市黑臭水体整治——排水口、管道及检查井治理技术指南（试行）》释义[M]. 北京：中国建筑工业出版社，2016.